À QUOI SERT L'ARCHITECTURE ?

MICHEL WEILL

LES ESSENTIELS MILAN

Sommaire

Les mots suivis d'un astérisque (*) sont expliqués dans le glossaire.

De l'architecture, pour qui ?

Pont au-dessus de la Schwarzbachstrasse à Wuppertal,
Karl Grossberg (1927).

L'architecture est un art. Tous les dictionnaires le disent, sans pour autant définir son ampleur et son rôle. Elle est l'art de la conception et de la mise en œuvre d'espaces de vie : ceux d'une demeure, d'un établissement industriel, comme ceux d'espaces urbains. L'architecture est plus souvent présentée par son apparence qu'évoquée à travers sa longue histoire. Elle est née il y a bien longtemps quand l'homme s'abritait dans des cavernes. Sa croissance est favorisée, pendant plusieurs millénaires avant notre ère, au Moyen-Orient et en Asie, par de puissants souverains et chefs religieux. Plus tard, elle acquiert dans le bassin méditerranéen une présence impériale et influente. Elle s'émancipe au sein d'une Europe gothique, au XVe siècle, avec la renaissance de son passé prestigieux grec et romain, confortant ainsi le christianisme et l'autorité seigneuriale. Plus tard, elle affirme utilement son rôle auprès des puissances royales et installe outre-Atlantique la culture occidentale. Au XVIIIe siècle, des esprits éclairés, le plus souvent utopistes, proposent diverses installations pour un mieux-être de l'humanité. L'industrie et les activités commerciales progressent au XIXe siècle : l'architecture glorifie alors une bourgeoisie enrichie dans une métropole en expansion. Au XXe siècle, la vie urbaine s'intensifie par de nouvelles possibilités d'emploi des matériaux, les mettant ainsi à la disposition d'une architecture de masse. Ainsi, l'architecture a toujours été souhaitée, programmée, puis commandée : il n'y a pas d'architecture sans commande. Une commande qui définit pour quoi, mais aussi pour qui elle intervient, quand il s'agit de créer des espaces de vie.

Ancestrale

L'architecture apparaît simultanément en Mésopotamie et en Égypte, avec deux civilisations, peut-être issues d'une même source.

Les constructions s'élèvent

En divers lieux du monde, l'architecture est en devenir, avec des alignements de pierres levées, édifiées pour célébrer les puissances invisibles du ciel et de la terre.

En Mésopotamie

Les vallées de l'Euphrate et du Tigre sont parsemées de ruines, ouvrages constitués de briques de terre, cuites au soleil, car la pierre est rare en ces terres alluviales.

Pour le dieu d'une ville : une ziggourat

Au IIIe millénaire, en Chaldée (ancienne Babylonie, partie inférieure de la Mésopotamie, actuel Irak), plusieurs villes ont chacune un dieu protecteur. Au cœur du fragile palais d'un roi-prêtre, émerge une massive ziggourat*, généralement formée de sept étages en parallélépipèdes décroissants, et couronnée d'une chapelle. Ces royaumes, petits mais actifs, sont effacés par les rois chaldéens de Babylone ou assyriens de Ninive, qui ne cessent de se combattre.

Pour des rois guerriers : des palais

Au XIIIe siècle av. J.-C., Babylone domine et prospère avant d'être incendiée par Sargon, l'Assyrien. Ninive, sur les rives du Tigre, devient alors une importante cité protégée par une épaisse enceinte défensive de 50 m de haut. Au VIIIe siècle av. J.-C., l'architecture magnifie la puissance du royaume assyrien avec le luxueux palais de Khorsabad aux murs ornés de briques. Cent ans plus tard, Ninive est détruite et Babylone renaît. La ville s'étend sur 4 km, un palais est érigé sur 13 hectares, l'ancienne ziggourat du dieu Baal, représentée par la tour de Babel de la Bible, y est rénovée. Quinze hectares de terrasses sont plantés, devenant ainsi de merveilleux « jardins suspendus ».

La Tour de Babel.

Babylone est pendant trois siècles la plus grande ville de la Terre. Au IVe siècle av. J.-C., commence son déclin, vers un effacement définitif.

En Égypte

Née il y a 5 000 ans sur les bords du Nil, l'architecture égyptienne, qui utilise la pierre, s'y épanouit pendant 30 siècles. Elle est tout entière orientée vers les sépultures.

Pour l'éternité d'un roi : une tombe inviolable

La royale et réconfortante présence d'un pharaon, incarnation de Râ, fils du Soleil, est voulue éternelle. Vers 2650 av. J.-C., Djoser, pharaon de la IIIe dynastie, commande à Imhotep (prêtre et homme d'État, le premier architecte de l'histoire, dit-on) l'aménagement à Saqqara d'un domaine funéraire. Les ouvriers sont nombreux pour édifier une majestueuse pyramide à gradins de 120 m de côté et 60 m de haut. Plusieurs fois visitée, elle reste éternelle comme le sont non loin de là, à Gizeh, les trois célèbres pyramides successivement édifiées à partir de 2200 av. J.-C. : Khéops (233 m de côté, 146 m de haut), Khéphren et Mykérinos. Pour toutes ces tombes, une entrée secrète précède galeries, chapelle funéraire (évoquant, par son décor, une vie heureuse) et chambre mortuaire avec le sarcophage du pharaon momifié.

Pour chaque dieu : un temple

Ils sont nombreux, ces dieux, et ont d'importantes demeures. Quand l'éphémère maison d'un mortel est faite de briques et d'éléments végétaux périssables, la demeure d'un dieu est construite en pierres savamment ordonnées. À Karnak, le grand temple d'Amon (XVe et XIVe siècles av. J.-C.) occupe une surface de 5 000 m^2. Son proche voisin de Louksor (XIIIe siècle av. J.-C.), édifié par Ramsès II, était précédé de deux obélisques, symboles de la présence solaire. L'un d'eux se trouve maintenant sur la place de la Concorde, à Paris.
Savante, précise, optimiste, l'architecture égyptienne est longtemps influente dans le bassin méditerranéen.

Exploit

À Karnak, la salle hypostyle, avec sa forêt de piliers, annonce des performances constructives : un espace de 100 mètres de large est édifié sans l'emploi de la voûte.

L'architecture prépare son avenir dans le monde occidental en œuvrant avec des briques en Mésopotamie, pour des rois guerriers, avec des pierres en Égypte, pour des rois demi-dieux.

Grecque

À partir du IIIe millénaire, les Hellènes (peuplades indo-européennes) s'installent dans les nombreuses îles et sur les rives de la mer Égée, dans le Péloponnèse, en Thessalie... Ils prospèrent, se combattent, dominent, se soumettent ou s'associent.

Le Parthénon (construit de 447 à 432 av. J.-C.), commandé par Périclès, est l'œuvre des architectes Ictinos et Callicratès. Il constitue un juste point d'équilibre entre la robustesse un peu lourde des premiers temples doriques et la grâce fragile des temples ioniques.

Pour des cités démocratiques

Chacune de ces cités a son roi et vénère un ancêtre, un dieu protecteur. Elles créent des villes : Athènes, Sparte, Thèbes... les berceaux des cités démocratiques, nous laissant de grands témoignages de leurs qualités. Cette civilisation est reconnue pour avoir développé un équilibre entre la vie vouée au culte des dieux et celle dévolue à la cité.

Pour un roi

Au XVIIIe siècle av. J.-C., la Crète est une île fertile qui n'est pas hostile aux influences orientales.
À Cnossos, centre religieux et administratif, le palais de Minos est une élégante et subtile résidence d'un roi pacifique, où des salles de travail et de réception sont savamment agencées (il sera reconstitué au XIXe siècle).
Au XIVe siècle av. J.-C. dans le Péloponnèse, à Mycènes, une sévère architecture cyclopéenne, affirmée par une enceinte en pierre lui donnant un statut militaire, révèle la puissance du chef dans une société terrienne belliqueuse.

Pour un dieu protecteur

C'est à partir du VIIIe siècle av. J.-C. à Athènes que, sur l'Acropole, une éminence rocheuse naturelle, le temple du dieu devient l'œuvre principale et l'orgueil d'une cité démocratique. Le temple, demeure d'un dieu ou d'une déesse, est conçu à l'échelle humaine. Composé d'une *cella*, elle-même précédée d'un *naos*, un vestibule faiblement éclairé, il n'est réservé qu'à

Main-d'œuvre

Si, dans le passé et en d'autres lieux, les grands ouvrages furent exécutés par le travail forcé d'une multitude d'ouvriers, l'architecture grecque est réalisée par une main-d'œuvre qualifiée et salariée, soucieuse de perfection.

quelques privilégiés, alors qu'au dehors, se déroulent les rites populaires et les processions. Les Grecs affinent leurs principes de construction sans chercher de nouvelles formes. Les premiers temples sont en bois avant d'être édifiés pour l'éternité dans la pierre ou le marbre d'une carrière voisine. Les poteaux deviennent des colonnes très finement cannelées, dotées d'une base et d'un chapiteau. Elles sont régulièrement espacées et reliées par un entablement* strictement mouluré. Sur chacun des deux pignons d'extrémité du bâtiment, un fronton ouvragé épouse les pentes d'un toit en tuiles.

Le Grec est avant tout un marin

« Ce corsaire intrépide se veut et se fait libre et, pour marquer cette liberté dans les choses qu'il crée, il les perfectionne sans cesse. Une pyramide ne se perfectionne pas. »
Pierre Jacquet, *Histoire de l'architecture*, 1965.

Pour la cité

L'équipement architectural de la ville comprend des édifices publics, nécessaires au développement politique et culturel. Au cœur de la ville, l'agora, une place ombragée, accueille les activités commerciales et civiques. Non loin, sont édifiés divers bâtiments publics ainsi qu'un gymnase, lieu d'exercices physiques, mais aussi centre de la vie intellectuelle de la cité. Les Hellènes ont la passion des jeux et des spectacles. En plein air, sont aménagés des stades, palestres, théâtres… des ouvrages heureusement adaptés à la configuration et à la nature d'un site.

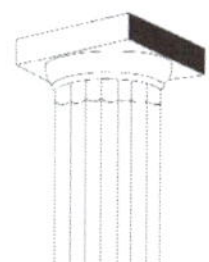

Dorique : la stricte noblesse.

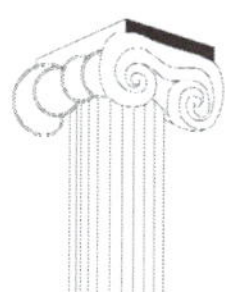

Ionique : la grâce et l'élégance.

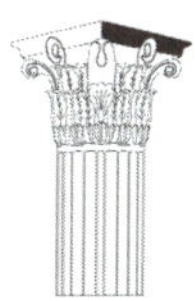

Corinthien : l'abondante somptuosité.

Avec un souci de clarté et d'unité, les Grecs ramènent à trois ordres les éléments porteurs de l'architecture. Ils seront adoptés par Rome, pour être souvent superposés, le dorique étant toujours la base de la composition.

La mesure, le rythme

À partir du VIIe siècle av. J.-C., et pendant 200 ans, l'architecture s'accorde au goût des Grecs pour la géométrie. Toutes les parties d'un ensemble sont ordonnées par une mesure commune : un module*. Alors, apparaissent en architecture les notions de proportion et de composition, avec une maîtrise des ouvrages suivie par un *arkhitektôn* (l'ancêtre de l'architecte).

L'architecture grecque, d'abord réservée aux temples et aux sanctuaires, évolue vers des édifices publics intégrés dans leur environnement, en conservant le même traitement monumental raisonné.

Romaine

À partir du VIIe siècle av. J.-C., des commerçants grecs installent d'actifs comptoirs sur les rives de la péninsule des Étrusques et des Latins. Ces derniers adoptent leurs dieux et leurs temples, comme le montre la stricte grandeur dorique du sanctuaire de Paestum, près de Naples.

Pour Rome et sa grandeur

À partir du IIe siècle av. J.-C. et pendant près de 300 ans, l'architecte intervient dans la cité antique de Romulus pour y célébrer les exploits guerriers et la puissance de ses maîtres – consuls ou empereurs. Des bas-reliefs, des statues, des colonnes commémoratives et des arcs de triomphe sont édifiés en leur honneur.
C'est le cas, par exemple, de cet arc de Septime Sévère érigé en 203 de notre ère, près de la Curie, et dont les bas-reliefs évoquent les batailles menées par l'empereur contre un peuple du Moyen-Orient : les Parthes.
L'architecture romaine connaît un formidable essor sous Auguste (règne de 37 av. J.-C. à 14 apr. J.-C.), qui, à partir du Ier siècle de notre ère, restaure de nombreux temples et transforme la ville.
Au pied du Capitole, les quatre différents forums comprennent toutes sortes de bâtiments destinés au gouvernement de la cité, en particulier l'imposant sénat, où les débats politiques se déroulent à ciel ouvert. On a conservé aujourd'hui encore les rostres, ces fameuses tribunes ornées d'éperons de navires pris à l'ennemi, où des orateurs politiques comme Cicéron venaient haranguer le peuple.

La villa d'Hadrien, un empereur collectionneur

Amateur d'art et collectionneur de modèles d'architecture, l'empereur Hadrien (règne : 117-138 apr. J.-C.) a réuni dans une somptueuse résidence d'été située en pleine campagne, à six kilomètres de Rome, des répliques grandeur nature d'édifices grecs et égyptiens, harmonieusement regroupées autour de quelques bassins.

Diverses influences

Les méthodes de construction sont les mêmes qu'en Mésopotamie : la pierre est utilisée pour les fortifications, tandis que les édifices domestiques sont en brique et bois. Mais Rome se détache progressivement des influences de l'Asie afin d'imposer sa monumentalité. L'architecture exprime une volonté de défense. Par la suite, l'arrivée de sculpteurs et de techniciens grecs viendra enrichir Rome. Les constructeurs romains vont alors, en adaptant ces références architecturales, établir les modèles d'une civilisation urbaine.

Les thermes de Caracalla. L'aspect particulièrement imposant de ces thermes (ou bains publics) situés sur la colline du Caelius, a frappé le romancier Émile Zola lors d'un de ses voyages en Italie : « *Aucun de nos châteaux forts du Moyen Âge* – notait-il – *n'a été bâti avec cette masse cyclopéenne... Un luxe écrasant, pour quelle civilisation colossale ? Les personnes qui passent y ont l'air de fourmis...* »

Pour une communauté urbaine

Il faut accueillir, loger ou distraire toute une population constituée principalement d'étrangers attirés par l'éclatante richesse de Rome : au IIe siècle, cette population s'élève à plus d'un million d'habitants. C'est pour eux que l'on construit des aqueducs qui alimentent bassins et fontaines et que les cirques, thermes, hippodromes, amphithéâtres se multiplient. Le fameux Colisée, inauguré par l'empereur Titus (en 80 apr. J.-C., il y eut jusqu'à cent jours de festivités), pouvait accueillir 55 000 spectateurs regroupés selon leur classe sociale.

Au-dessus du forum de Trajan, le marché, construit par cet empereur qui lui a donné son nom au IIe siècle de notre ère, donne, avec les arcades roses de ses 150 boutiques, une idée de la foule des Romains (et non pas des Romaines : à l'époque c'étaient les hommes qui faisaient la plupart des achats) qui venaient s'approvisionner là en sandales, soie ou poissons... car la vie des Latins n'était pas seulement faite de cultes aux dieux, de beaux discours et de guerres, mais aussi d'échanges et de plaisirs...

Moins subtile et plus monumentale que son ancêtre hellène, l'architecture de Rome tend à illustrer, pendant trois siècles, la grandeur de la nouvelle capitale du monde.

Pour l'élite fortunée : des résidences estivales

Alors que la plèbe s'entasse dans des immeubles collectifs précaires de cinq ou six étages, quelques riches familles fuient la chaleur et l'inconfort d'une ville surpeuplée en construisant, dans les environs de la cité, de belles villas. La *domus*, équivalant à un palais, est, à Pompéi, d'une surface d'environ 350 m^2. Édifiée autour d'un patio, sur un ou deux étages, elle offre un confort (adduction d'eau et chauffage) et un luxe (murs et sols décorés) exceptionnels pour l'époque.

Impériale

Tandis qu'elle étend peu à peu sa domination au nord, jusqu'aux îles britanniques, et à l'est jusqu'en Asie, Rome entend prolonger ses conquêtes par des ouvrages d'architecture qui marquent sa domination sur les peuples vaincus.

Vitruve

Expert en génie militaire sous César, cet architecte romain rassemble, en 25 av. J.-C., dans un traité intitulé *De architectura*, ses connaissances sur les principes de l'architecture hellénistique. Il y propose trois règles de base : solidité, commodité, beauté. Des règles qui seront reprises plus tard par les architectes de la Renaissance.

Des conquérants bâtisseurs

Une fois quittés les champs de bataille, les légions et les troupes des soldats vaincus sont appelées à se remettre à l'ouvrage, cette fois, pour un but pacifique : les travaux publics. Rome dispose ainsi d'une main-d'œuvre soumise à une discipline militaire et capable d'utiliser toutes sortes de matériaux, pierres, briques, revêtements de marbre et de mosaïques. Les Romains sont les premiers à utiliser le béton, ce qui va leur permettre d'améliorer les techniques de la voûte.

Les obélisques : des trophées ramenés de loin

Les obélisques que l'on trouve aujourd'hui à Rome n'y ont pas été construits, mais amenés avec eux par des empereurs pour témoigner de leurs conquêtes au-delà des mers. Le plus ancien se trouve à Saint-Jean-de-Latran : en granit rouge, il provient de Thèbes et l'empereur Constance Ier l'avait dressé dans le Circus Maximus. C'est aussi dans cet amphithéâtre qu'avait été d'abord placé l'obélisque qui s'élève aujourd'hui place du Peuple : il fut apporté au temps d'Auguste, comme celui de la place du Parlement (Montecitorio). Les deux obélisques des places de l'Esquilin et du Quirinal encadraient autrefois l'entrée du mausolée d'Auguste. Ceux du Panthéon et de la place Saint-Pierre proviennent d'un sanctuaire égyptien.

Une vaste infrastructure adaptée à un nouvel environnement

Des places fortes, des camps au tracé géométrique constituent, dans toute l'Europe, l'amorce des nouvelles villes. Et pour relier ces premières installations, les Romains aménagent rapidement un réseau de routes, le plus souvent pavées, ainsi que des voies d'eau et des aqueducs, comme le fameux pont du Gard, près de Nîmes. En Afrique du Nord (Timgad est en Algérie une colonie romaine de l'an 100 apr. J.-C.) comme au sud de la Gaule, ils créent de nouveaux complexes urbains ou en réaniment d'anciens. Leurs interventions se multiplient dans la péninsule Ibérique et dans toute l'Europe méridionale. La Rome impériale doit aussi fidéliser et latiniser les nouveaux habitants de son empire. Ainsi multiplie-t-elle des édifices culturels qui rappellent ceux de la capitale, tout en s'adaptant aux ressources et aux usages locaux. En France, des ruines de théâtres romains confirment une certaine solidité de ces édifices antiques : à Orange, Arles et Vaison-la-Romaine.

La Maison carrée de Nîmes

Ce temple, construit en 16 av. J.-C., et entouré de colonnes corinthiennes, offre l'exemple d'une fusion de plusieurs styles : « *Tout y est, selon les vrais principes de l'architecture, simplicité et noblesse.* » Marc-Antoine Laugier, architecte du XVIIIe siècle.

Des espaces utiles

D'énormes travaux permettent de reconsidérer l'espace urbain, en attachant aux sols une nouvelle importance. Revêtus de dalles de pierre en extérieur ou pavés de marbre dans certains édifices publics, ils sont les garants d'un espace quasi impérissable. L'architecte cherche à améliorer tout ce qui forme la ville, avec le souci du confort et de l'esthétique. Ainsi, il met au point un autre élément spécifique à la rue : le portique, qui, pour abriter les passants, peut servir également à rétablir l'esthétique d'une façade.

Le pont du Gard.

Nation de bâtisseurs autant que de guerriers, les Romains mettent leur art autant que leur force de frappe militaire au service de l'unité de l'empire. L'architecture romaine façonne l'Europe, en développant une architecture qui comprend les réseaux routiers.

Premières églises

Au IVe siècle, les chrétiens sortent de la clandestinité dans un Empire romain décadent.

Les compétences de Rome remises en cause

Les destructions répétées de Rome et les oppositions radicales entre les Églises romaine et byzantine bouleversent certaines certitudes.

À Rome, pour de nouveaux baptisés

En 313, le christianisme est reconnu religion d'État. Pour célébrer ouvertement les paroles du Christ, un édifice convient : la basilique romaine, précédemment destinée aux assemblées politiques ou aux tribunaux. Son entrée est située au milieu du plus long côté de l'édifice. À l'intérieur, une large nef centrale entourée de portiques est coiffée d'une charpente. Cette disposition est modifiée pour de nouveaux espaces chrétiens. Le petit côté de l'édifice devient façade principale pour accéder à la nef, alors fréquemment précédée d'un narthex* pour accueillir les catéchumènes.

Pendant six siècles, en Europe occidentale, la plupart des églises – vastes ou modestes –, des cathédrales ou des chapelles adoptent ce plan basilical, dont la nef et le transept évoquent la crucifixion.

À Byzance, pour le pouvoir d'un empereur

En 330, l'empereur Constantin Ier le Grand quitte Rome, où l'autorité politique est ébranlée et les activités économiques amoindries. Il s'installe à Byzance (actuelle Istanbul), un lieu favorable aux échanges commerciaux et culturels entre l'Orient, le bassin méditerranéen et les rives du Danube. Byzance devient la capitale d'un nouvel Empire romain d'Orient, avec le soutien d'un christianisme influent. Pendant 200 ans, malgré diverses invasions, la ville se développe. Au IVe siècle, elle est baptisée Constantinople en l'honneur de Constantin. Alors qu'elle abrite 600 000 habitants, l'empereur Justinien (482-565) veut en faire la plus belle ville du monde. L'architecture intervient, influencée autant par le passé de Rome que par celui de l'Orient.

Sainte-Sophie à Istanbul.

Les églises sont, pour la plupart, bien différentes des basiliques romaines, rassemblant plus librement les chrétiens sous une coupole au centre de l'édifice. Ainsi, elles adoptent un plan centré. Sainte-Sophie, commandée par l'empereur Justinien, est la plus célèbre et la plus prestigieuse. Conçue par Anthémios de Tralles et Isidore de Milet, deux architectes syriens, elle est achevée en 537. Sa coupole centrale, d'un diamètre de 31 m et s'élevant jusqu'à 54 m, est épaulée par deux demi-coupoles. Une construction exceptionnelle, réalisée sans cintre, avec des amphores de terre cuite. Cet immense espace, conçu pour de grandioses manifestations, apparemment plus théâtrales que religieuses, est un monument célébrant autant l'autorité impériale que la gloire du Christ.
En 1453, les Turcs s'emparent de Constantinople et transforment Sainte-Sophie en mosquée.

La Sicile

C'est sur cette île, centre de gravité de la Méditerranée, que l'influence byzantine peut être encore admirée (somptueuses mosaïques) au milieu d'autres vestiges carthaginois, grecs, normands ou arabes.

L'influence byzantine, pour une chrétienté diversifiée

Au VIe siècle, Byzance affirme sa domination commerciale et religieuse en Sicile et au sud de l'Italie. À Ravenne, où l'exarque* représente l'empereur de la chrétienté orientale, l'église Saint-Vital, avec son remarquable plan centré, offre de somptueuses mosaïques représentant Justinien et Théodora. Pendant plusieurs siècles, l'influence byzantine faiblit pour réapparaître, parfois modestement, dans des pays de la romanité. L'influence byzantine est plus manifeste autour de la Méditerranée orientale, de la mer Noire, dans le bassin du Danube et vers la Russie. La cathédrale de Kiev, au XIe siècle, avec sa coupole centrale entourée de douze autres, est l'ancêtre de toutes les églises de la chrétienté orthodoxe.

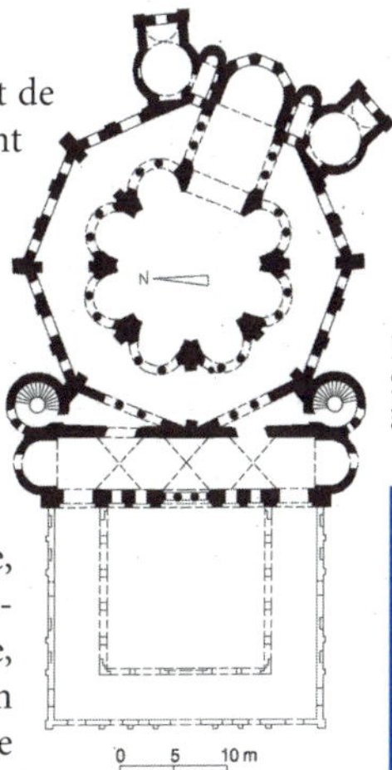

Plan de l'église Saint-Vital à Ravenne.

La chrétienté est divisée. À Rome, le plan basilical facilite l'accueil ordonné des croyants. À Byzance, un plan centré, avec coupole orientale, rassemble librement les participants d'un culte.

Romane

L'Empire romain d'Occident, envahi à plusieurs reprises, connaît des siècles sombres appelés « barbares ». Mais la victoire de Charles Martel sur les Arabes à Poitiers, en 732, mènera à la renaissance carolingienne.

Un cloître roman du XIIe siècle : Le Thoronet.

Une architecture carolingienne pour un rétablissement temporaire de l'empire

Charlemagne (au IXe siècle) reconstruit sommairement une partie de ce qui fut détruit par ses ancêtres francs et d'autres envahisseurs. Du nord de la Loire jusqu'en Rhénanie, les architectes interviennent avec l'emploi plus fréquent du bois que de la pierre et parfois avec la récupération de fragments des ruines de monuments antiques. Quelques ouvrages sont plus solidement conçus avec un souvenir confus d'œuvres romaines et une référence à l'art byzantin, comme en témoigne heureusement l'impériale basilique d'Aix-la-Chapelle (Allemagne).

À partir du Xe siècle, avec l'épanouissement de l'influence chrétienne, l'architecture est romane. Elle est dite « romane » par ses emprunts à l'architecture romaine.

« Dans cet espace intérieur, l'œil suggère à l'esprit l'accord parfait de tous les organes d'un édifice cadencé par les parties pleines et les temps libres des intervalles. »
Germain Bazin, *Histoire de l'art*, 1953.

Des monastères

Durant les sombres périodes de l'Europe occidentale, les chrétiens se réunissaient, tant bien que mal, en divers lieux de paix. Lorsque les pays sont pacifiés, la vie rurale est active, des monastères se créent, prospèrent, s'agrandissent, essaiment.

L'architecture intervient en Bourgogne, à Cluny, pour une importante communauté qui s'organise suivant la règle instituée au VIe siècle par saint Benoît de Nursie, abbé de Monte Cassino. De nombreux bâtiments sont alors édifiés rationnellement selon leur mode de vie monastique. En 1095, la plus grande église chrétienne de l'époque y est consacrée. Au cours de ce siècle, près de 1 500 monastères bénédictins sont créés en Europe. Au début du XIIe siècle, en cette même Bourgogne, à Cîteaux, le chef de la communauté, saint Bernard de Clairvaux, fondateur de l'ordre cistercien*, réagit contre le luxe apparent des derniers monastères bénédictins. Cinq cents églises monastiques sont alors édifiées par les moines eux-mêmes, mais cette discipline sera par la suite dépassée par un souci esthétique sans cesse renouvelé.

« L'architecture d'un monastère ne se compose pas en assemblant des bâtiments mais bien comme une sculpture dans un bloc de pierre massif. »
Fernand Pouillon, ***Les Pierres sauvages,*** **1964.**

Des églises

Pendant 200 ans en Europe, ces deux ordres monastiques sont d'entreprenants constructeurs d'églises et de monastères, qui serviront aux pèlerinages des villageois. Chacun a son propre caractère, suivant sa région. Encadrant et couronnant les accès des églises, des sculptures édifiantes et didactiques incitent à venir se recueillir. Tous les édifices ont le même air de famille, simple et mesuré. Pour les plus grands d'entre eux, l'architecture rappelle le plan basilical romain, rarement précédé d'un narthex*. La nef centrale voûtée en berceau, avec ou sans nefs latérales, s'oriente vers un transept parfois surmonté d'une coupole ou d'un clocher. Elle est dotée d'une ou plusieurs absides. Dans les parties hautes de la nef, un triforium (une tribune), plus souvent décoratif qu'accessible, est surmonté de petites ouvertures verticales, souvent obstruées par des pavés d'albâtre dans le sud-ouest de la France et en Espagne.

L'art roman apporte une monumentalité à la ferveur religieuse, en donnant les prémices d'une architecture qui reçoit la lumière.

Gothique

L'invention d'un système constructif, la croisée d'ogives, permettant de renforcer l'armature des voûtes, fait évoluer l'architecture romane vers un nouveau style : le gothique. Celui-ci répond à un besoin d'agrandissement du lieu de culte et à une affirmation de son prestige.

Gothique rayonnant

Le style de la cathédrale de Beauvais (1272) est appelé « rayonnant » en raison du foisonnement des colonnes reliées entre elles par des arcs. La nef atteignit une hauteur record de 52 m, avant de s'écrouler, en 1284. Elle fut ensuite rebâtie à 48 m.

L'architecture ogivale apparaît

En 1140, en Île-de-France, à Saint-Denis, l'abbé Suger fait élever une basilique. L'architecture commence alors à s'élancer avec l'emploi de la croisée d'ogives puis, plus tard, de l'arc-boutant*, généralisé au XIIIe siècle. Les murs, ainsi libérés du poids de la voûte, sont largement percés, et la lumière est généreusement distribuée. Les nefs gothiques ont jusqu'à 20 m de largeur et s'élèvent en proportion pour atteindre 29 m à Saint-Denis et 48 m à Beauvais (*voir* brève). La verticalité et la prédominance des ouvertures sur les parties pleines sont les caractéristiques de cette architecture.

Coupe-perspective d'une partie de la cathédrale d'Amiens.

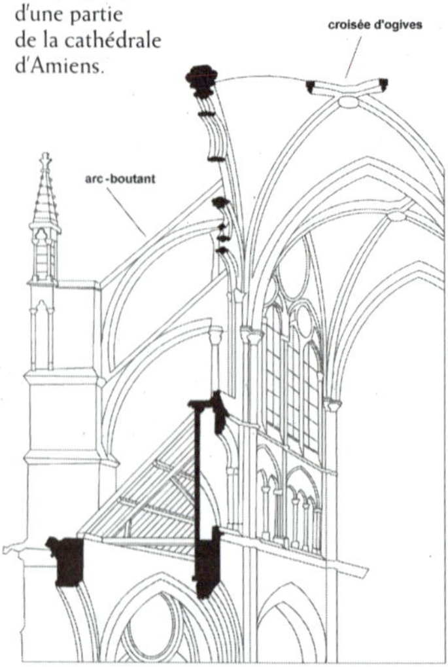

Pour célébrer la grandeur d'une cité et sa foi mystique : la cathédrale

D'une exceptionnelle unité de conception, elle est édifiée par une main-d'œuvre qualifiée. Son important financement est assuré dans un enthousiasme autant religieux que civique. Quand l'argent manque, une tour est réalisée ultérieurement, mais la nef, partie essentielle, est assez rapidement édifiée. La cathédrale accueille les plus grandes œuvres de l'époque : peintures, sculptures, tapisseries et vitraux, comme les rosaces rayonnantes de la façade principale et des extrémités du transept.

Il n'est, dans un premier temps, pas question de décoration mais de sensibilité pour un art raisonné. Cependant, et comme d'autres périodes l'ont montré, la décoration semble vouloir s'immiscer dans l'architecture. À partir du XIVe siècle, la cathédrale est sculptée intérieurement et extérieurement avec des formes apparemment souples, évoquant des flammes.
Flamboyant, le gothique perd de sa pureté et annonce son effacement au XVIe siècle.

Pour de récentes populations urbaines : un équipement collectif

Grâce à une activité commerciale favorable, des bourgs se développent, d'anciennes villes renaissent, de nouvelles sont créées. La bourgeoisie des Flandres ou du nord et de l'est de la France commande de grands ouvrages : des hôtels de ville avec leur haut beffroi, symbole du pouvoir marchand ; des halles, importants centres d'échanges ; des hospices ; des palais de justice ; des universités… La ville fortunée se protège alors par une épaisse enceinte : les remparts d'Avignon ou de Saint-Malo attestent encore de leur importance.

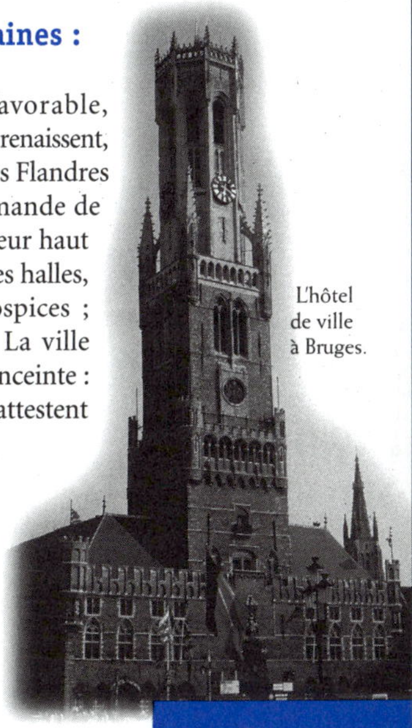

L'hôtel de ville à Bruges.

Pour l'Europe

Qu'il s'agisse d'architecture religieuse ou civile, le gothique, né en Île-de-France, est, pendant trois siècles, un langage commun européen, avec des accents propres à chaque région. On reconnaît une simplification du style en Bourgogne, qui influencera l'architecture italienne et celle d'outre-Rhin. Ainsi, certaines églises allemandes ressemblaient davantage à des halles. L'originalité allemande, que l'on retrouve en Belgique et aux Pays-Bas, est l'utilisation de la brique, en particulier pour les architectures civiles. En Grande-Bretagne, l'architecture se manifeste avec des éléments décoratifs très élancés et une accentuation de l'horizontalité des façades (style perpendiculaire). En Espagne, le style ogival français va s'allier à l'art arabe.

Du XIIe au XVe siècle, l'exceptionnelle architecture gothique exprime l'éveil d'une économie européenne florissante.

Renaissante

Au XVe siècle, quand le gothique est encore « flamboyant » à Milan comme à Venise, l'harmonie gréco-romaine est appelée à renaître.

Des palais florentins pour une vie sociale raffinée

Deux grands architectes renommés œuvrent pour édifier des palais. Michelozzo (1396-1472) est l'auteur du puissant palais Medici Riccardi (1430), et Alberti conçoit dans le même esprit le palais Rucellai, où le bossage des pierres est utilisé comme ornement.

Découverte

L'invention de l'imprimerie, par Gutenberg vers 1435, a suscité la diffusion de la connaissance des arts.

Pour Florence et ses princes

Dans une cité prospère comme Florence, avec ses princes éclairés – les Médicis –, l'harmonie antique renaît avec de talentueux artistes, autant peintres, sculpteurs qu'architectes, tous désireux de se libérer d'usages étrangers qualifiés par eux de « gothiques ». Des copies de chefs-d'œuvre grecs et romains, regroupés dans la villa Médicis, vont faire retentir les théories platoniciennes de la perfection. De grandes personnalités devenues architectes vont alors marquer l'histoire de l'architecture.

Pour une théorie de l'architecture idéale

Leon Battista Alberti (1404-1472), un brillant écrivain, à la fois peintre et architecte, devient le principal promoteur d'une architecture plus rationnelle. Il étudie *De architectura*, l'important ouvrage de Vitruve (*voir* pp. 10-11), et rédige en latin *De re aedificatoria* (1450-1472), un traité qui confirme clairement les trois principes vitruviens des fondements de l'architecture : solidité, utilité et beauté. Pour l'harmonie d'un ouvrage, il conseille la symétrie, ainsi qu'un rythme régulier de percements et d'éléments décoratifs des façades. En tant qu'architecte, il distinguera la conception de la réalisation dans ses nombreux écrits et documents graphiques, qu'il utilise pour convaincre les commanditaires, et mieux communiquer avec les constructeurs. Si, au XXe siècle, son influence n'est pas près de s'éteindre, c'est aussi pour sa conception de l'architecture, « *l'art qui contribue au mieux au bien-être de l'humanité* », qui s'entend à l'ensemble de l'espace urbain.

Le Dôme de Florence

Le chantier de la cathédrale de Florence suspendu à partir de 1302, du fait de grandes rivalités, sera courageusement repris entre 1421 et 1436 par Filippo Brunelleschi (1377-1446), un ingénieur hors pair. Orfèvre et sculpteur de talent, il a le mérite reconnu d'avoir su comment réaliser économiquement la coupole. En proposant à l'opinion une enveloppe de pierre et de brique, mise en place grâce à la conception d'une machine de levage, Brunelleschi devient un architecte des temps modernes. Ses méthodes de travail ne sont pas loin de celles utilisées aujourd'hui : maquettes et dessins (perspectives) illustrent les projets. On lui doit aussi, entre autres, la conception de l'hôpital des Innocents (1419), des églises de San Lorenzo (1421) et de Santo Spirito (1444), qui sont des édifices florentins importants du début de la Renaissance*.

Plan de Santo Spirito (Florence) : une architecture selon des principes géométriques simples.

Une interprétation rationnelle des éléments classiques

L'admiration portée à l'Antiquité se retrouve dans le dessin des jardins qui entourent les villas et palais. La composition est ordonnée selon des axes et des terrasses, où colonnes et statues peuvent être admirées. Donatello (1387-1466) et surtout Michel-Ange (1475-1564) font partie des artistes qui intègrent la sculpture à l'architecture. Comme Léonard de Vinci (1452-1519) et Vasari (1511-1574), tous ne sont pas étrangers à cette renaissance toscane de l'architecture gréco-romaine. Notons que Michel-Ange, le Florentin, après son important séjour à Rome, revient en 1519 auprès des Médicis pour concevoir, avec sa forte personnalité, la Nouvelle Sacristie à San Lorenzo, et la bibliothèque Laurentienne.
À la fin du XVe siècle, Florence rayonne, et ses artistes sont invités à s'exprimer chez les princes voisins.

Les écrits antiques de Vitruve et les ruines romaines incitent une pléiade d'artistes à s'engager vers une architecture plus rationnelle.

À Rome, à Venise

Au XVIe siècle, les artistes, animateurs de l'architecture antique renaissante sont appelés à œuvrer au-delà de Florence.

Pour la papauté

Le siège de la chrétienté occidentale est vétuste : Jules II (1443-1513) veut redonner à Rome un éclat impérial. Plusieurs artistes répondent successivement à son souhait. Bramante (1444-1514), architecte réputé de Ludovic le More, prince milanais, connaît les monuments antiques de Rome. En 1503, le pape l'engage à participer au réaménagement de sa capitale. Il est l'auteur de la grande galerie (*cortile*) et du Belvédère au Vatican. Il réalise le circulaire *Tempietto* de San Pietro in Montorio, premier exemple d'ordonnance dorique des temps modernes (il est situé sur la colline du Janicule à Rome). Jules II lui confie la reconstruction de la basilique Saint-Pierre. Pendant près de sept ans, il soumet successivement plusieurs compositions de l'édifice. En 1513, un plan centré, reprenant le dessin de la croix grecque, est accepté par Léon X. Les travaux sont engagés, mais Bramante meurt. Son neveu et disciple Raphaël (1483-1520) et Antonio da Sangallo le Jeune (1483-1546) sont appelés à poursuivre conjointement son œuvre. Mais à la suite des désaccords concernant le plan (choix entre la croix grecque ou la croix latine), les travaux n'avancent pas et les années passent.

Les principaux traités d'architecture du XVIe siècle

Le traité de Serlio, *Cinq manières de bâtir* (1537), a codifié l'architecture française. Celui de Palladio, *Quatre livres d'architecture* (1570), a influencé pendant plusieurs siècles l'architecture outre-Manche. Sans oublier *La Règle des cinq ordres d'architecture* (1562) de Vignole.

Le dôme de Saint-Pierre de Rome par Michel-Ange

Lorsque Michel-Ange (1475-1564) intervient à l'invitation de Paul III en 1546, il est alors âgé de 71 ans. Il rejette le projet de Sangallo et reprend celui de Bramante, en proposant de couronner l'édifice d'une haute coupole nervurée s'élançant d'un tambour percé d'ouvertures. Alors que, par ailleurs, la place du Capitole est remarquablement aménagée selon ses plans, il meurt sans avoir vu l'achèvement de la plus grande église de la chrétienté. Vignole s'occupera des quatre coupoles les plus petites, et son élève, Giambattista Della Porta, réalisera la principale. Enfin, Maderno, sera l'auteur, en 1612, de la façade orientale, telle que l'avait dessinée Michel-Ange.

Pour de fastueux prélats romains et de riches familles princières

Des palais et d'importantes villas sont édifiés dans et autour de Rome. La ville romaine est un projet global, réunissant peintres, sculpteurs et architectes. Raphaël le prouve à la villa Madame (1518), vaste composition géométrique évoquant le mode idéalisé de la vie antique.

Pour la Vénétie

Palladio (1508-1580), un jeune tailleur de pierre, est invité à découvrir Rome, ses monuments et la culture humaniste. Talentueux architecte, il rénove harmonieusement le Palazzo della Ragione, appelé la « Basilique », de Vicence (1549), et construit dans la région de nombreuses villas, dont la plus célèbre, la villa Rotonda (1568-1571), au plan centré et aux façades d'ordre ionique. Le théâtre Olympique de Vicence est une de ses œuvres les plus admirées pour son architecture scénique : des rues en perspective font partie du décor intérieur de l'édifice. À Venise, il est l'auteur de palais, d'églises, dont San Giorgio Maggiore (1566-1580) et celle du Rédempteur (1577-1580). C'est pour de riches propriétaires terriens qu'il conçoit ces villas universellement admirées. Des œuvres grandes, simples et pures. De ces architectes favorables à une renaissance de l'harmonie antique, Palladio paraît le plus sincère.

À propos de la règle de Vignole

La Règle des cinq ordres d'architecture **a maintenu son influence jusqu'au XXe siècle dans la formation scolaire de l'architecture en France.**

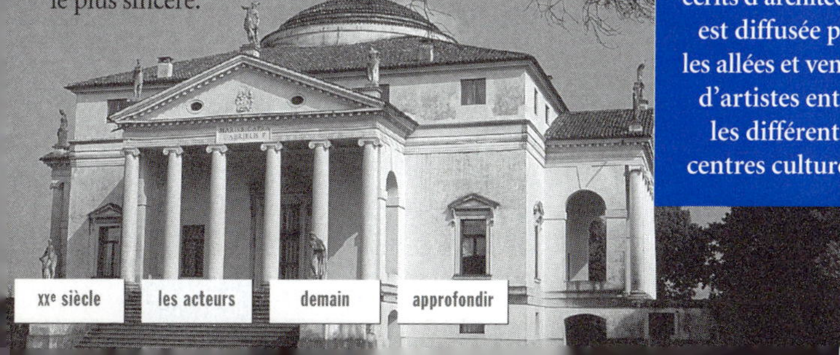

Villa Rotonda, de Palladio, à Vicence.

Issue de commandes princières, l'architecture italienne de la Renaissance, codifiée en de nombreux écrits d'architectes, est diffusée par les allées et venues d'artistes entre les différents centres culturels.

D'influence italienne

Au début du XVIe siècle, l'architecture italienne de la Renaissance commence à être appréciée par les pays voisins de la péninsule.

En France, des palais pour le roi et la Cour

Charles VIII quitte Naples et rentre en France en 1498 avec des artistes italiens. Les châteaux, précédemment défensifs, deviennent de fastueuses résidences royales. Une première période d'aménagement est engagée dans le Val de Loire. Vers 1500, à Amboise et à Blois, les façades médiévales sont dotées de pilastres, frises et diverses moulures. Puis, à Chambord (1519-1550), François Ier fait édifier un château exceptionnel. Le plan est symétriquement conçu, avec un anachronique donjon central accompagné de tours, le tout abondamment couronné de clochetons, de cheminées et de lucarnes richement ornées. Le roi décidant de résider à Paris, il n'y n'entreprend pas d'importants ouvrages, mais rénove et décore, selon la mode italienne, d'anciens châteaux d'Île-de-France. À Fontainebleau, pour de fastueuses réceptions, le château est doté d'une vaste et édifiante galerie, qui porte le nom du roi, François Ier .

Château d'Anet : avant-corps du logis (actuellement à l'École des beaux-arts, à Paris). On distingue bien les trois ordres superposés de Philibert de l'Orme.

Les architectes du roi

Alors commence une nouvelle période plus structurelle grâce à de talentueux bâtisseurs. Serlio, auteur des *Cinq manières de bâtir*, apporte en 1541 une meilleure connaissance de la culture antique (les bases de la Renaissance* italienne) et signe les plans du château d'Ancy-le-Franc (1543-1545).

Philibert de l'Orme (1510-1570), fils d'un maçon, est un expert en stéréotomie (art de la coupe des pierres). Son architecture est claire, ordonnée, inventive, inspirée de l'Antiquité et conforme au tempérament français. Il œuvre à Anet (1545-1555) pour Diane de Poitiers et Henri II, ainsi qu'en la basilique de Saint-Denis pour le tombeau de François Ier.

Pour la royauté et une société raffinée, ces deux architectes ont créé de grandes résidences convenant au climat français : toitures nettement affirmées, association de la brique et de la pierre, avec un confort intérieur assuré par de nombreuses cheminées finement décorées. La plupart de leurs œuvres et d'autres projets sont présentés dans un ensemble de planches gravées, *Les Plus Excellents Bâtiments de France,* par l'architecte Jacques Androuet du Cerceau (1510-1585).

La Cour carrée du Louvre

Pierre Lescot (1515-1578), un fin lettré, disciple de Serlio, dessine l'harmonieuse façade de la Cour carrée du Louvre en 1546. Un bel exemple classique de la superposition des ordres sur une façade.

Dans la péninsule Ibérique, pour un clergé dominant

En Espagne, l'austère Philippe II fait édifier l'Escurial (1563-1584), qui abrite une résidence royale accompagnée d'un couvent et d'un collège religieux, un ensemble d'une stricte géométrie, simplement décoré.

Au Portugal, au couvent de la Tomar, en 1520, les portes et fenêtres sont, selon le style manuélin (du nom de Manuel Ier , roi du Portugal), abondamment encadrées de sculptures qui évoquent la présence outre-mer de ces aventureux Portugais. Le cloître est heureusement composé en 1547, selon les principes vitruviens.

L'art pour la Cour du roi

L'architecture s'éloigne de l'art ogival, à tendance populaire, pour se tourner vers l'art de la Cour.

Dans les Flandres, pour des cités prospères

L'art flamand applique les idées de la Renaissance en conservant le style gothique. Appelée « gothique baroque », cette architecture est riche de décorations sculptées.

Le palais de justice de Bruges (1520) constitue un exemple caractéristique. Les hôtels de ville d'Anvers (1561) et de La Haye (1564), ainsi que les maisons des Corporations à Bruxelles témoignent davantage d'une harmonieuse adaptation d'éléments de la Renaissance italienne et française aux traditions locales.

À l'ouest de l'Europe, l'architecture italienne de la Renaissance évolue diversement en fonction de commandes royales et de celles des cités des Flandres les plus riches.

Baroque

Pour le pouvoir pontifical ébranlé par la Réforme, dès la fin du XVIe siècle, l'architecture doit séduire. En Italie, elle se libère progressivement des règles trop strictes de la Renaissance.

Église de Wies en Bavière (1745-1754), œuvre de l'architecte Dominikus Zimmermann.

À Rome

Les Jésuites interviennent : l'architecture d'une église doit contribuer à convaincre les fidèles de l'autorité du catholicisme. En 1570, l'église du Gesù, dont Vignole est l'architecte, dispose d'une large et unique nef centrale, favorable à la prédication, accompagnée de chapelles latérales. Sa façade est simplement rythmée avec des décrochements, sources de jeux d'ombre et de lumière. L'église du Gesù à Rome devient le modèle de l'architecture jésuite. Mais une église, par son apparence, doit aussi séduire. Elle commence à se parer, à se décorer.

Le Bernin (1598-1680) aménage, à partir de 1624, la basilique Saint-Pierre avec un placage de stucs et d'ors et la dote d'un majestueux baldaquin couvrant l'autel. Il crée la triomphale place ovale (340 m de long) encadrée d'un portique surmonté de statues. Ainsi, avec lui, la sculpture s'intègre à l'architecture et la ligne droite devient courbe (portail convexe de Saint-André-du-Quirinal, de 1658). Appelé « baroque », ce style se manifeste dans les villas et palais de la noblesse romaine, et s'installe progressivement dans la ville pontificale avec la monumentale fontaine de Trevi en 1732.

Origine du mot « baroque »

En portugais, *barroco* signifie « perle de forme irrégulière » ; cela sous-entend que l'objet défie la règle.

En Europe

À Milan, à Naples, à Venise, puis dans une partie de l'Europe centrale, l'architecture est baroque pendant deux siècles.
En Espagne, au XVIIe siècle, l'église commence à se parer de grands retables peints et dorés, chargés de multiples ornements. Puis au XVIIIe siècle, avec José Benito Churriguera (1650-1723), les façades des églises sont elles aussi tapissées d'ornements.
Au Portugal, le décor est moins abondant mais rappelle l'art manuélin du siècle précédent. Au palais-couvent de Mafra (1713), il est réglé par une noble ordonnance structurale.

Borromini (1599-1667)

Ce créateur de formes nouvelles encadrant de chaleureuses ambiances, plus aimables que religieuses, est l'auteur d'une œuvre baroque primordiale : l'église Saint-Charles-aux-Quatre-Fontaines à Rome.

En Amérique latine, pour accueillir de nouveaux chrétiens

À partir du XVIe siècle, les missionnaires jésuites espagnols ne cessent d'édifier des églises en assimilant les arts indigènes. Au Mexique, le style churrigueresque s'amplifie avec des façades décorées de foisonnantes tapisseries de pierres. Le Brésil commence en 1650 à offrir un original prolongement du baroque portugais. Les églises sont accompagnées de divers aménagements urbains. Née d'heureux métissages, l'exubérante architecture brésilienne est souvent une incitation à la fête.

Pour une société en quête de plaisirs

La liberté baroque ne va pas s'exprimer uniquement dans les églises au-delà des Alpes, mais dans de nouveaux programmes tels que les palais, les théâtres et les jardins, sous l'influence de « besoins festifs ».
Fischer von Erlach (1656-1723) est l'auteur des plans du palais de Schönbrunn (1691), situé non loin de Vienne en Autriche, ainsi que de la fastueuse église Saint-Charles-Borromée (1715-1737) à Vienne même.
À la fin du XVIIIe siècle, le décor baroque s'amplifie, la surcharge s'accroît, l'ornementation est dissymétrique. Les jardins sont abondamment dotés de statues, de fontaines ornées de plantes et de rocailles. Lorsque les techniques décoratives prennent une place importante, ce style est dénommé « rococo* ».

L'architecture baroque interprète « à l'excès » les acquis de la Renaissance, par une liberté des formes et l'abondance des ornements. Elle s'affirmera pendant deux siècles en Europe et s'épanouira en Amérique latine.

Classique français

Au milieu du XVIIe siècle, l'architecture française se libère de l'influence italienne. En 1671, Colbert crée l'Académie d'architecture. Elle fixe les principes directeurs de l'enseignement de cet art et de la pratique d'une profession dominée par les architectes du roi.

Pour l'État monarchique absolu : des châteaux et des palais...

François Mansart (1598-1666) ouvre la voie de l'architecture classique en édifiant le château de Maisons (aujourd'hui Maisons-Laffitte) en 1642. Louis Le Vau (1612-1670) conçoit celui de Vaux-le-Vicomte (1656-1662), avant d'amorcer pour Louis XIV, à partir de 1667, le grandiose aménagement du palais de Versailles, ancien pavillon de chasse de Louis XIII. Une entreprise poursuivie par Jules Hardouin-Mansart (1646-1708), neveu du précédent et premier architecte du roi à la mort de Colbert en 1683, avec la chapelle et le long bâtiment de la grande galerie des Glaces. Le palais domine l'immense parc géométriquement dessiné par Le Nôtre (1613-1700), créateur du jardin « à la française », ce triomphe de l'esprit sur la nature. La cour d'honneur, d'une exceptionnelle composition urbaine ordonnée, devient le point de convergence des principales voies d'accès à Versailles. Le palais est le modèle de nombreuses résidences royales en Europe (Potsdam, Schönbrunn, Peterhof...). Toutes ces œuvres, strictement axées et équilibrées, donnent l'impression d'une parfaite unité à l'image d'un État monarchique absolu. Avec les années, l'architecture est moins imposante, plus raffinée, quand à Versailles, Jacques Ange Gabriel (1698-1782) conçoit pour Louis XV l'élégant Petit Trianon (1762).

Des places fortes

Sébastien Vauban (1633-1707) est le plus grand bâtisseur de places fortes de son siècle, enserrant dans de puissantes murailles des petites localités urbaines (Mont-Louis dans les Pyrénées, Neuf-Brisach en Alsace...). En remodelant 300 citadelles, il contribue à développer l'urbanisme classique français.

... des hôtels particuliers...

Pour les courtisans du roi, des hôtels particuliers sont édifiés à Paris (dans le quartier du Marais :

les hôtels Carnavalet, Saint-Aignan...) et en province. Conçus plus souvent pour la parade que pour le confort, ces hôtels seront longtemps des modèles de maisons pour les bourgeois parvenus.

Barrière du Trône (ou de Vincennes).

... et des aménagements urbains

Au-delà de Versailles, la royauté est partout présente. À Paris, la place des Vosges est la première place royale. La statue d'Henri IV est érigée en 1612 au centre de la place. Hardouin-Mansart dessine la place des Victoires, avec au centre la statue de Louis XIV (1686) et réalise la place Vendôme. Elles sont toutes deux encadrées d'immeubles dont les façades régulièrement rythmées, dissimulent diverses habitations pour de fortunés courtisans. En 1755, Gabriel dessine les plans de la place Louis XV (appelée successivement place de la Révolution puis place de la Concorde), en limitant le vaste espace par deux imposants bâtiments situés du même côté. À Nancy, l'architecte Héré de Corny (1705-1763) crée la place Royale, l'actuelle place Stanislas.

Des théâtres présentent des œuvres lyriques à la gloire du roi, ils sont conçus à Versailles en 1753 par Jacques Ange Gabriel, à Bordeaux en 1780 par Victor Louis (1731-1802), à Besançon par Claude Nicolas Ledoux (1736-1806). Lorsque les fermes générales du royaume chargent Ledoux de concevoir, en 1773, la ville d'Arc-et-Senans et la saline royale de Chaux, celui-ci annonce le XIXe siècle en proposant la création d'ensembles urbains influencés par l'industrie naissante. Ledoux est ainsi le précurseur de l'architecture industrielle : il conçoit de vastes programmes en proposant des formes adaptées à la fonction de l'ouvrage. Une architecture classique, composée de volumes géométriques simples, fait apparaître des masses puissantes aux ornements limités.

Des pavillons d'octroi

L'œuvre de Claude Nicolas Ledoux est visible par les 4 des 57 barrières de l'enceinte des Fermiers généraux qui subsistent à Paris : place Denfert-Rochereau, place du Trône, les rotondes de la Villette et du parc Monceau.

L'imposante architecture classique française devient dominante en Europe. Mais elle est trop académique pour survivre.

XIXe siècle

La grande architecture classique française ne convient plus à une société issue de la Révolution. Dès la fin du XVIIIe siècle, l'architecture s'éloigne d'un académisme contraignant en amorçant un retour vers d'anciennes sources de son inspiration.

Monuments historiques

En 1883, a lieu en France le vote de la loi sur les monuments historiques. Depuis cette date, une protection du patrimoine monumental est appliquée.

Néoclassique

Avec les fouilles archéologiques, l'architecture redécouvre les vestiges de l'Antiquité grecque, ou encore les décors des maisons pompéiennes délivrées des cendres. L'expédition de Bonaparte en Égypte lui fait connaître l'ampleur d'un passé plus ancien.

Pour les nouveaux citoyens, des édifices publics : des palais de justice, des hôpitaux, des théâtres... ont l'apparence de temples aux colonnades souvent couronnées de frontons. En 1808, Brongniart édifie la Bourse de Paris et Vignon le temple de la Gloire dédié à la Grande Armée (qui devient deux ans plus tard l'église de la Madeleine). À cette époque, Napoléon projette la construction, à Paris, du monumental Arc de triomphe (achevé en 1834) ; il commande à Charles Percier (1764-1838) et Pierre Fontaine (1762-1853), deux architectes auteurs de la rue de Rivoli aux arcades exemplaires, l'immédiate réalisation de l'arc de triomphe du Carrousel, rappel de l'arc de Constantin à Rome.

Le néoclassicisme*, répandu dans toute l'Europe jusqu'au milieu du XIXe siècle, va lancer le style éclectique.

Le premier grand magasin : *Le Bon Marché* à Paris.

Éclectique

Pour une bourgeoisie enrichie (les acteurs d'une jeune et florissante économie industrielle), l'architecture veut offrir dans l'abondance le meilleur d'un vaste passé. Les architectes sont amenés à mêler différents styles, celui de l'Antiquité comme celui de l'Orient et plus encore celui du Moyen

Âge gothique. Généreuse et incertaine, l'architecture française est éclectique* par la diversité de son inspiration et celle de ses interventions.
À Paris, l'église Sainte-Geneviève, l'actuel Panthéon, réalisée par Soufflot (1755 à 1780), est une adjonction du type constructif gothique et de l'ordonnance grecque. La gare de l'Est (1850) et la gare du Nord (1861) expriment encore de manière classique leurs nouvelles fonctions. Les Halles (Baltard architecte, 1852-1859) réunissent la tradition et un développement des techniques. *Le Bon Marché* (Boileau architecte, 1869-1879), premier des grands magasins, incite aux achats en des espaces apparemment luxueux. Les Expositions universelles (1855, 1867, 1878, 1889, 1900) contribuent à un généreux aménagement de la capitale. Le préfet Georges Eugène Haussmann (1809-1891), à l'initiative de Napoléon III, perce de larges artères parisiennes bordées d'immeubles de rapport.
À Saint-Pétersbourg, Alexandre Ier s'inspire des grands projets napoléoniens, pour doter la ville de monuments en tout genre, certains réalisés par des architectes français (comme la Bourse de Thomas de Thomon en 1816, la cathédrale Saint-Isaac de Ricard de Montferrand en 1817).

« Toute forme dont il est impossible d'expliquer la raison ne saurait être juste. »
Viollet-le-Duc.

Rationaliste

À la fin du siècle, Viollet-le-Duc (1814-1879) révèle l'évidence de la technique gothique médiévale, par ses écrits et son enseignement. Cet architecte est reconnu pour avoir su dégager de l'étude des monuments anciens une conception de l'architecture tournée vers l'avenir. En considérant indissociables la structure, la forme et le décor, il incite l'ingénieur à prendre de nouveau des directives en architecture. Rationaliste, il contribue à un judicieux et plus fréquent emploi structurant du fer, une voie pour l'école de Chicago et l'Art nouveau*.
C'est durant les dernières années du XIXe siècle que Gustave Eiffel entreprend ses célèbres ouvrages : le viaduc de Garabit (1880) avec une arche métallique centrale de 165 m de portée à 122 m au-dessus de la Truyère… et bien sûr la tour Eiffel (1889).

L'architecture éclectique décline en laissant apparaître une architecture rationaliste, amorce du modernisme* européen, plus conforme à l'état d'esprit de l'époque.

Précolombienne

En des temps préhistoriques, des tribus, probablement venues d'Asie, commencent à s'installer sur les terres du futur Mexique ; d'autres s'établissent dans les Andes.

Temple du Jaguar à Tikal.

L'empire aztèque

Au XIIIe siècle, les Aztèques, rudes et ambitieux guerriers, façonnent rapidement un vaste empire, adoptant intelligemment les modes de vie, savoirs et architectures des tribus précédemment installées sur les terres mexicaines.
En 1519, Cortés, en quittant Cuba, découvre et fait la conquête de cet empire, avec sa capitale Tenochtitlán, à l'emplacement de l'actuelle Mexico. En divers lieux, de nombreuses pyramides et des vestiges de palais témoignent alors du mystérieux et lointain passé de ces tribus.

Pour les divinités de diverses tribus, des sanctuaires en pierre

Chaque peuple a sa langue, ses usages. Tous s'adressent aux mêmes forces célestes et cosmiques. Ils édifient en pierre, à diverses époques, des sanctuaires durables, alors que leurs habitations sont d'éphémères paillotes.

Les ruines d'une citadelle inca

Au nord-est du Pérou, à 2 000 m d'altitude, le site de Machu Picchu est un exemple du savant emploi de la pierre dans l'architecture inca.

Les Olmèques, Toltèques et Zapotèques

Les Olmèques sont les premiers, à partir de 1500 av. J.-C., à créer des centres cérémoniels (La Venta,

San Lorenzo…), dans lesquels on trouve les mêmes éléments qui composent de nombreux et futurs ensembles religieux : une pyramide tronquée, dotée de larges emmarchements pour accéder au lieu du culte.
Des descendants Olmèques commencent à édifier au Ier siècle, à Teotihuacán, la célèbre cité religieuse avec sa grande pyramide de la Lune, puis celle du Soleil (63 m de haut). Un ensemble de monuments strictement ordonnés avec ampleur, pour de grandes cérémonies populaires.
Les Toltèques, puissants et ingénieux, les plus influents au IXe siècle, fondent une mystérieuse capitale à Tula et restent présents avec les ruines de sanctuaires à Cholula et Chichén Itzá.Les Zapotèques, du Ve au VIIIe siècle de notre ère, édifient une cité sur le grand plateau de Monte Alban (« la montagne blanche »), l'acropole sacrée.

Influence de la nature

Tous ces peuples, les Olmèques comme les Mayas, ne disposaient que de rudimentaires moyens d'exécution ; pourtant, leurs œuvres sont conformes à la grandeur de la nature environnante.

Les Mayas

Au sud-est du Mexique, diverses tribus mayas ont laissé des centaines de sanctuaires. Dans les forêts des hauts plateaux, de fines pyramides s'élancent vers les divinités célestes à Palenque (IVe siècle) comme à Tikal (de 600 av. J.-C. jusqu'au IXe siècle de notre ère), la grande cité religieuse du Guatemala. Plus tard, ils créent dans la plaine mexicaine du Yucatán les grands centres religieux d'Uxmal et de Chichén Itzá, des compositions d'espaces et d'ouvrages dont l'ornementation sculptée est partie intégrante de l'architecture.

L'empire des Incas : pour affirmer un pouvoir

Sur les hauts plateaux des Andes du Pérou, et dans des pays environnants, les archéologues découvrent les traces d'autres vieilles tribus, elles aussi d'une probable origine asiatique, anéanties à partir du Xe siècle par leurs voisins incas. Religieusement animés par leur chef, incarnation du soleil sur la Terre, les Incas organisent un grand empire avec des routes, des canaux, des activités commerciales qui se développent. Des places fortes assurent leur sécurité.

Au Mexique et au Guatemala, l'architecture précolombienne n'a qu'un destin religieux.
Au Pérou, elle contribue au développement économique d'un empire.

Islamique

Au VIIe siècle, naît une nouvelle foi pour se soumettre à Dieu. Au fil de leurs conquêtes, les Arabes introduisent l'islam et, avec lui, une architecture spécifique.

Effet de parure

« Pour l'Occident réaliste, l'art fondamental est la sculpture, pour l'Islam, c'est peut-être le tapis... ce sont de véritables tapis de formes qui habillent les monuments musulmans comme des vêtements flottants. »
Germain Bazin, *Histoire de l'art*, 1953.

Pour la prière collective, la mosquée

À Médine, le prophète Mahomet (570-632) rassemble ses premiers fidèles dans la cour de sa demeure. Une lance indique la direction de La Mecque, ville sainte vers laquelle s'élève la prière. Une niche pratiquée dans le mur d'enceinte, le *mihrab*, confirme cette orientation. À son côté, une chaire, le *minbar*, est dressée pour le prédicateur. Les fidèles, exclusivement des hommes, seront invités à renouveler leurs prières par le muezzin, du haut d'une tour, véritable ancêtre de tous les minarets qui s'élanceront vers le ciel. La mosquée est née à Médine.

Pour les musulmans sunnites

À Damas – capitale de la dynastie omeyade* convertie à l'islam –, est construite en 707 une grande mosquée, exemple de toutes celles édifiées au cour des siècles suivants selon le même programme esquissé à Médine : une cour, pour se rassembler, discuter et parfois rendre la justice, et sa fontaine pour procéder aux ablutions rituelles ; pour prier, une salle plus large que longue aux multiples colonnes, souvent dotée d'une coupole devant le *mihrab* ; pour apprendre, une *madrassa*, école coranique destinée aux garçons ; à proximité, un caravansérail pour accueillir des pèlerins.
Une architecture somptueuse avec des sols en marbre, des murs couverts de céramiques, de mosaïques géométriquement composées, des boiseries finement sculptées. Elle est présente au Caire, à Kairouan et jusqu'en Espagne, où est édifiée à Cordoue, à partir de 786, la plus fastueuse mosquée de l'Islam, avec sa salle de prière d'un hectare et demi aux

La mosquée de Damas en Syrie.

colonnes antiques soutenant des arcs croisés. Les Arabes vaincus, la mosquée deviendra cathédrale. Mais l'architecture islamique se poursuit à Grenade avec l'aménagement du palais de l'Alhambra (1332-1392), réalisé par Muhammad V, et la célèbre cour des Lions et ses jardins. Encore longtemps présente dans l'habitation espagnole, elle influence le style gothique dans une partie de l'Europe méridionale.

L'arc outrepassé

L'arc outrepassé est né d'une nécessité technique : le bois est rare ; alors, le cintrage doit s'appuyer sur les colonnes. Il caractérise l'architecture musulmane.

Pour les souverains chiites

Au VIIe siècle, la Perse est vaincue par des fidèles de la secte chiite* d'Ali, gendre du Prophète. À partir du XIIe siècle, des mosquées y sont édifiées, plus souvent pour célébrer la puissance d'un prince que la gloire de Dieu. Avec leurs fastueuses céramiques, elles sont plus ostensiblement colorées que leurs sœurs sunnites*. La mosquée du Vendredi à Ispahan est dotée, dans l'axe des quatre murs de la cour, d'*iwans*, grands porches décorés richement. Tamerlan (1336-1405), d'origine mongole, construit en 1399, à Samarcande, sa capitale, l'immense mosquée de Bibi-Khanum avec ses huit minarets (il n'en reste que des vestiges). Une haute coupole, surélevée sur un tambour, célèbre sa grandeur. Héritière des architectures perse et mongole, l'architecture islamique devient indienne, à partir du XIIIe jusqu'au XVIIe siècle, pour abriter des maharadjas, leurs dépouilles ou celles de leurs épouses (Taj Mahal, en 1631).

Le Taj Mahal en Inde.

La maison arabe

Rappelant la maison grecque et romaine, elle s'organise pour l'essentiel autour d'une cour pavée, agrémentée de bassins et de fontaines. Elle est généralement dotée d'un étage, et le toit est souvent une terrasse accessible. Les murs extérieurs sont nus, et seules quelques ouvertures obstruées par une grille en bois (*moucharabieh*) permettent aux femmes de regarder dehors sans être vues.

Pendant treize siècles, avec une même typologie aux diverses intonations, l'architecture islamique œuvre pour rassembler les fidèles.

Hindoue

Des dieux et des civilisations pénètrent en Inde à partir du IIIe millénaire avant notre ère.

À Angkor (XIIe siècle), le temple-montagne s'étend sur 200 hectares, dans une monumentale composition aux effets savamment conçus. Les décors sculptés, traités comme une broderie sont d'inspiration végétale. Angkor est le chef-d'œuvre de l'architecture hindoue.

Pour Brahma

Les dieux viennent du nord, de cette civilisation urbaine de l'Indus (près de l'actuel Afghanistan), pour atteindre l'Inde méridionale, environ un siècle av. J.-C. Ils sont accueillis par diverses peuplades dans cette immense péninsule au climat destructeur. D'antiques récits sont les seules traces de cet ancien brahmanisme, foyer d'un ascétisme dominant. Brahma* paraît être le premier de ces dieux, maître des forces de la nature.

Une architecture rupestre

Des sanctuaires sont aménagés dans des grottes ou dans des carrières. En plusieurs lieux, comme à Ajanta (Inde occidentale), depuis le VIe siècle jusqu'au IXe siècle, des ouvrages sont sculptés dans la pierre. Le célèbre bas-relief de la *Descente du Gange* à Mâvalipuram, émerge de la matière brute.

Pour Bouddha

Au VIe siècle av. J.-C, un ascète, le prince Siddhârtha Gautama, dénommé Bouddha (« l'Illuminé »), propose un comportement spirituel qui devient, au cours des siècles, une discipline. Le bouddhisme* réforme le brahmanisme. Brahma, le fondateur, Vishnou, le conservateur, Shiva, créateur-destructeur, et diverses divinités animent les bas-reliefs architecturaux. Au IIIe siècle apr. J.-C., l'empereur Ashoka rend hommage à la vie de Bouddha en faisant édifier des colonnes commémoratives et des stûpas*. L'architecture de bois est remplacée par celle de la pierre, sur laquelle apparaît des fresques narratives.

Composition pyramidale

En Inde, les couvertures d'édifices sont réalisées en empilant des matériaux colossaux sur plusieurs étages.

Les stûpas

Les reliques du Bouddha sont recueillies dans des stûpas. Parmi les plus anciens, le stûpa de Sanchi (IIe siècle) est une calotte semi-sphérique, semblable à un tumulus funéraire, abritant un sanctuaire secret. Elle est surmontée de parasols de pierre et protégée d'une enceinte dotée de *toranas*, portiques aux linteaux successifs diversement sculptés. Les stûpas se structurent, la relique est alors secrètement incluse dans une pièce carrée surmontée d'une *sikra* (toiture).

Pour accueillir les fidèles, le sanctuaire est précédé d'une ou plusieurs salles, aux murs abondamment sculptés d'ondulants corps humains, dans des scènes de la vie quotidienne. Le sanctuaire s'agrandit et le stûpa devient temple.

Temples dravidiens

Depuis le XIe siècle, le nord de l'Inde est progressivement dominé par l'Islam. L'architecture y œuvre pour les conquérants mongols, les rajahs, leurs épouses (*voir* pp. 32-33). Pour les peuples du Sud, l'architecture reste hindoue pour les édifices religieux. Des temples rassemblent divers sanctuaires composés autour de bassins purificateurs structurés. Ils sont précédés de *gopurams*, gigantesques portes où s'enchevêtrent d'innombrables figures. Aujourd'hui, ces temples sont encore très populaires et fréquentés.

Une architecture religieuse, sculpturale, sensuelle et foisonnante, en l'honneur de Brahma et d'autres divinités, se répand en Inde. Dans le Sud-Est asiatique, l'architecture bouddhique se consacre à la gloire des puissances royales.

Au-delà de l'Inde

À partir du Xe siècle, l'architecture hindoue, avec Bouddha, pénètre en Birmanie. Elle y prospère à Pagan pendant trois siècles, le long de l'Irrawaddy, où des rois, pour célébrer leur pouvoir, érigent d'innombrables sanctuaires. Un millier subsiste aujourd'hui. Au Cambodge, à partir du Xe siècle, l'empire khmer* est influencé par l'hindouisme*. Au cœur de plusieurs villes éphémères, un temple est édifié pour un roi-dieu.

Japonaise

Dans l'archipel nippon, l'architecture tarde à se manifester. Sous l'influence de la Chine, l'artisan s'inspire de la nature, mais son esprit pratique l'incite à développer une architecture plus formaliste.

Pour une terre qui tremble

Les temples comme les maisons sont édifiés en bois à cause de la fréquence des tremblements de terre.

Pour le culte shintoïste* des ancêtres : un simple sanctuaire

Une pierre, une alcôve dans la maison familiale, accueille les noms des parents défunts honorés. De même, un modeste temple reçoit prières et offrandes. Semblable aux traditionnelles maisons à l'ossature en bois, destinée à résister aux tremblements d'une terre volcanique, il est démonté à des périodes fixes avant d'être usé par le temps. Rétabli, rénové, il paraît éternel.

Pour Bouddha : une architecture chinoise

Au VIe siècle, l'empereur du Japon adopte le bouddhisme*, venu de l'Inde, puis de son grand pays voisin, la Chine. L'architecture chinoise ne possède, alors, que de rares témoignages de son passé, car les bâtiments édifiés en bois ou en brique y ont survécu peu de temps. La pierre était réservée aux ponts, aux aqueducs, aux ouvrages défensifs : comme la célèbre Grande Muraille de Chine édifiée au IIIe siècle av. J.-C., puis solidement établie sur 6 000 km au XVIe siècle. La pagode est le principal édifice des temples. Certaines, construites en briques, ont subsisté, comme la grande pagode de Lo-Yang (VIe siècle) avec sa tour octogonale de douze étages. Au Japon, la plus ancienne est celle du temple d'Horyuji, édifiée en 607, dans la nouvelle capitale Nara, selon la commande d'un empereur converti au bouddhisme.

À Nara au Japon : le monastère Horyuji de l'époque Azuka. La tour centrale à cinq étages (VIIe siècle).

Pour l'empereur et ses généraux : des palais

La Chine donne la règle au XVe siècle avec le fastueux exemple de la Cité impériale de Pékin dotée de nombreux pavillons coiffés de grands toits aux angles relevés, accompagnés de plantes et de fleurs strictement ordonnées.

L'empereur du Japon et ses puissants généraux – les shoguns – édifient des palais semblables mais plus modestes. Les jardins, plus étendus qu'en Chine, sont aménagés dans une apparente liberté naturelle, avec des pavillons de repos et parfois une accueillante petite maison de thé. L'eau est très présente avec des myriades de rivières, de lacs et de cascades.

Frank Llyod Wright découvre l'esthétique japonaise

« Le principe premier et suprême de l'esthétique japonaise consiste en une simplification rigoureuse obtenue par l'élimination de ce qui est sans importance et dans la mise en valeur de la réalité qui s'ensuit. »

Pour la famille : une demeure harmonieuse

La demeure, d'une simplicité essentielle est faite de bois, de matières légères, et composée, modulée avec le tatami (180 cm x 90 cm). Sur cette natte de paille, véritable unité de mesure, on s'assied, on se repose et l'on dort. Les meubles, tables basses et coffres, sont rares. Les espaces intérieurs, sans affectation particulière, sont séparés par de larges et légères cloisons coulissantes. La nature est magnifiée quand une baie s'ouvre sur un jardin intime ou par la simple présence intérieure d'un arbuste, d'une plante ou le dessin d'une fleur.

Pour la puissance économique : l'influence occidentale

Dès la fin du XIXe siècle, l'ambitieux et actif Japon décide de rentrer en compétition avec les puissances économiques mondiales. Il se tourne vers l'Occident, son mode de vie, ses conceptions architecturales. Plusieurs architectes, influencés par Auguste Perret (1874-1954), puis par Le Corbusier (1887-1965), introduisent l'emploi du béton armé et réalisent de grands ouvrages publics (Kenzo Tange : piscine et stade olympique à Tokyo). L'architecture traditionnelle semble alors s'effacer.

L'architecture japonaise n'oublie pas ses traditions et reste proche de la nature, mais elle est largement influencée depuis la fin du XIXe siècle par l'Occident, et réciproquement.

Moderne

De 1900 à 1939, l'architecture se dégage de l'éclectisme* bourgeois et œuvre pour un capitalisme entreprenant.

Antonio Gaudi (1852-1926)

Il a donné à l'architecture des formes sculpturales surprenantes, par une étude approfondie de la nature. Dans sa ville de Barcelone, il a travaillé toute sa vie à l'édification de la Sagrada Familia, encore inachevée aujourd'hui.

Un préalable

L'architecture Art nouveau* recherche l'effet par une grande liberté d'expression inspirée par les formes souples des végétaux. Elle rassemble des maîtres de l'artisanat et des architectes dont Victor Horta (1861-1947) en Belgique et Hector Guimard (1867-1942), auteur, entre autres, des premières entrées du métro parisien. Ils ouvrent la voie à l'école du Bauhaus établie à Weimar (1919) puis à Dessau (1925-1933) qui, affirmant l'unité de l'art et de la technique, contribuera à jeter les bases de l'architecture moderne*. Parmi les animateurs de cette institution, Walter Gropius (1883-1969) puis Ludwig Mies van der Rohe (1888-1969) quitteront l'Allemagne pour rejoindre le berceau et la vitrine de l'architecture américaine du XXe siècle, au bord du lac Michigan.

À Chicago

À partir de 1890, pour une activité urbaine jeune et dynamique, des immeubles de dix à quinze étages (ancêtres des buildings commerciaux et du gratte-ciel) sont conçus par Henri Hobson Richardson (1838-1886) puis par Louis Henry Sullivan (1856-1924) avec un même principe : la forme suit la fonction. Plus tard, dans le sillage de ces précurseurs, Mies van der Rohe œuvre avec rigueur, éliminant le superflu pour mieux exprimer l'essentiel (« *Less is more* »). À Barcelone, le pavillon allemand de l'Exposition internationale de 1929 peut être considéré comme le summum de l'architecture moderne. Frank Lloyd Wright (1869-1959) est aussi formé à Chicago. Son architecture domestique, faite de pierre, de brique et de bois, « *est asymétrique pour s'associer aux forces de la nature* ». Richard Joseph Neutra (1892-1970) conçoit des maisons particulières sur la côte Ouest, transformant la frontière entre intérieur et extérieur par un emploi généreux du vitrage.

À Paris

À la même époque que les précurseurs de l'architecture moderne américaine, Auguste Perret (1874-1954) innove avec des structures en béton armé pour créer des espaces ordonnés de manière classique. Le Corbusier (1887-1965), formé au sein de l'agence Perret, découvre les possibilités du béton armé. En 1923, l'architecte, brillant polémiste, tenant compte des nouvelles réalités sociales, économiques et techniques de l'époque, publie *Vers une architecture* pour rétablir l'harmonie entre l'homme et son milieu. En 1926, il énonce les cinq points de l'architecture moderne : immeuble sur pilotis, toitures-terrasses, plan libre, façade libre et fenêtres en longueur. La clarté de son parti constructif incite des artistes et des amateurs d'art à lui commander des maisons exceptionnelles dont la richesse plastique reste un enseignement pour l'avenir. La plus célèbre est la villa Savoye à Poissy (1929-1931). Robert Mallet-Stevens (1886-1945) est l'architecte de plusieurs demeures marquées par le cubisme contemporain. Charlotte Perriand (1903-1999) débute dans l'atelier de Le Corbusier, puis elle réalise des agencements intérieurs de maisons qui restent, aujourd'hui encore, exemplaires.

En 1943, une urbanisation massive est prévisible. Le Corbusier fait alors publier la *Charte d'Athènes** (issue d'une rencontre des Congrès internationaux d'architecture moderne – CIAM – de 1933), qui énonce des principes d'action pour un urbanisme dit fonctionnel, suivant cette formule : « Soleil-Espace-Verdure ».

Le Corbusier

« L'architecture a pour premier devoir dans une période de renouvellement d'opérer la révision des éléments constitutifs de la maison. »

La villa Savoye, à Poissy, classée monument historique en 1964, clair manifeste des intentions de Le Corbusier.

Une architecture est « moderne » par la cohésion entre le contenu et la forme, avec des structures affirmées, en acier aux USA, en béton armé en Europe.

Fin de siècle

Un développement urbain sans précédent et une démocratisation de l'accès au confort amènent l'architecture à utiliser les méthodes industrielles, et à se confronter à de nouvelles échelles.

De nouvelles capitales

Entre 1950 et 1960, des architectes de talent sont appelés à créer des villes de toutes pièces : en Inde, Nehru commande à Le Corbusier la ville de Chandigarh destinée à recevoir 500 000 habitants ; au Brésil, Kubitschek de Oliveira demande à Oscar Niemeyer d'imaginer la nouvelle capitale, Brasília.

Les logements industrialisés

À la différence des expérimentations menées à Tapiola (Finlande) en 1953 par Aalto à la recherche d'une ville-parc, les destructions de la guerre et le retard accumulé dans le logement conduisent, en France, à la mise en place de quartiers d'immeubles utilisant la préfabrication lourde et rarement conçus en continuité des villes. Leur isolement et la violence des procédés provoqueront le désaveu de ces grands ensembles, après les « trente glorieuses » (1945-1975). Issus des principes généreux de la *Charte d'Athènes**, ils n'en appliquent qu'une partie. Néanmoins, Le Corbusier pourra construire les unités d'habitation de la Cité radieuse à Marseille en 1952, une application de ses théories urbaines et architecturales. Conçu à l'échelle du Modulor* (unité de mesure préétablie), ce bâtiment de 350 logements est prévu pour une certaine autonomie : une galerie marchande et des équipements sociaux font partie de l'unité. En 1970, la politique des villes nouvelles favorise un retour à la diversité jusqu'aux excès du mouvement postmoderne. Partout en Europe, la reconstruction a été l'occasion d'une reconsidération valorisée du patrimoine.

Jean Prouvé (1901-1984)

En s'investissant dans la construction d'éléments préfabriqués au profit d'une architecture économique, Prouvé crée, principalement avec de l'aluminium, des meubles, des structures légères, et des éléments de façades (façade du CNIT à la Défense, Zehrfuss architecte).

Les centres d'affaires

Le modèle américain de la ville densifiée (le *downtown*) et ses tours emblématiques consacrent l'image du grand commerce et de la finance. Le Seagram Building à New York, réalisé en 1958 par Mies van der Rohe et Johnson, est le siège d'une grande entreprise. L'Europe va accueillir les nouveaux centres d'affaires, qui deviendront les archétypes des grandes villes d'Asie et des pays du tiers-monde. Vingt ans après la tour Nobel, à la Défense (Jean de Mailly et Jean Prouvé), en 1985, Norman Foster achève la construction du siège de la Hong Kong Bank.

L'aérogare de la TWA au Kennedy Airport de New York (1961), par Eero Saarinen.

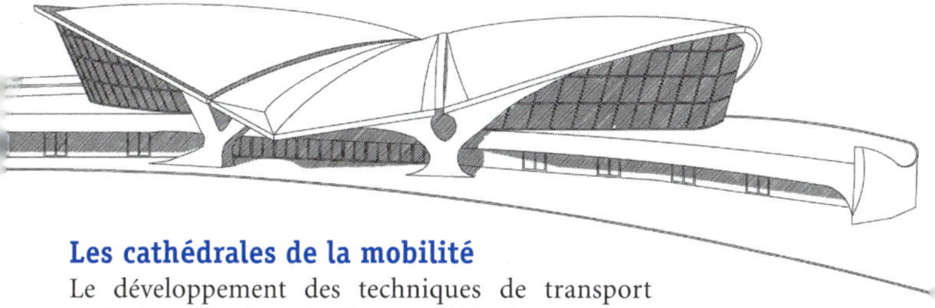

Les cathédrales de la mobilité

Le développement des techniques de transport et la banalisation de l'automobile bouleversent l'image de la ville traditionnelle, mais donnent naissance aux cathédrales de la mobilité : l'aérogare de la TWA, à New York, en 1960, par Eero Saarinen, exprime un caractère organique ; l'aérogare de Roissy 1 à l'aéroport Charles-de-Gaulle, par Paul Andreu, offre un schéma tridimensionnel des circulations. L'architecture participe à l'équipement des autoroutes, à la création de lignes de TGV avec leurs gares. Santiago Calatrava, un architecte ingénieur espagnol, conçoit la gare de Lyon-Satolas en 1995, une connexion train-autoroute-avion qui magnifie la structure, en forme d'oiseau. La frontière entre l'architecture et la sculpture semble s'effacer.

Les formes libres du temps libre

De la même manière, les grands équipements culturels et sportifs permettent la réalisation d'œuvres expérimentales aux formes novatrices.

À Paris, le centre Georges-Pompidou, réalisé en 1973 par Renzo Piano et Richard Rogers, de jeunes architectes, est une œuvre du phénomène *high-tech* de l'époque, pour une grandiose représentation des éléments structurels. Parmi les grands travaux parisiens des années 1980-1990, la Pyramide en verre du Louvre, entreprise par Ieoh Ming Pei, est un exceptionnel signal qui témoigne d'un désir de transparence. À Bilbao, Frank Owen Gehry sculpte librement pour la Fondation Guggenheim (1998) une forme destinée à animer une partie de la ville.

Après avoir assumé l'ensemble des formes urbaines, au moyen des codes du mouvement moderne, les architectes se sont retrouvés confrontés à une société de consommation, qui identifie le bâtiment à des produits.

Maître d'ouvrage

Un rapide « défilé » de quelques principaux acteurs de la commande illustre l'évolution de l'architecture, depuis ses débuts avec les dieux païens, jusqu'au XXIe siècle où ils sont des intervenants majeurs dans la maîtrise de l'urbain.

L'église San Lorenzo : Brunelleschi en fut l'architecte (1425-1446).

Les créateurs d'empires

Les prêtres-rois sont les constructeurs de sanctuaires, en Égypte, en Mésopotamie, en Grèce. Ils précèdent les créateurs d'empires, qui structurent des contrées en Europe et dans le monde islamique. C'est en réaction contre les envahisseurs, considérés comme barbares, que les membres du clergé deviennent les bâtisseurs de monastères, de cathédrales et de temples bouddhistes.

Les princes et les rois

En Europe, ils s'exposent ou se protègent en de grandes résidences, au cœur de parcs bien agencés. Plus tard, la bourgeoisie fortunée, les maîtres de l'industrie et du commerce revendiquent, pour leurs demeures, les fastes de l'architecture. Ils s'intéressent aussi au logement de leurs employés.

La commande publique

Un savoir-faire

Il n'y a pas d'architecture de qualité sans commande éclairée.

Au XXe siècle, ces industriels sont principalement responsables de l'équipement technique, social, administratif et culturel de territoires. Le maître d'ouvrage est alors une personne morale – service public d'importance territoriale variable –, souvent moins concernée qu'une personne physique. Cependant, cette commande publique suscite de plus en plus d'intérêt, aussi bien pour les maîtres d'ouvrage que les maîtres d'œuvre, compte tenu de son importance dans le paysage urbain : les équipements publics et les logements sociaux forment l'essentiel de la commande en France. Le dialogue entre ces deux principaux responsables est alors essentiel.

Son rôle aujourd'hui

Il est le client, celui qui commande la création d'un ouvrage, signe son financement et définit ses besoins. Lorsqu'un ouvrage est souhaité, son éventuelle réalisation est étudiée, puis décidée et engagée par le maître d'ouvrage, avec un programme clairement défini. Il précise les fonctions auxquelles l'architecture doit répondre. Il a le pouvoir de dicter ses intentions à l'architecte, et c'est avec l'aide de celui-ci qu'il choisit les entreprises responsables de la construction, qu'il rémunérera en fonction de l'avancement des travaux.

Des formations

Les grandes écoles s'inquiètent de plus en plus de l'évolution de l'architecture. Des formations à l'urbanisme se développent dans les écoles telles que l'ENA (École nationale d'administration) ou l'IEP (Institut d'études politiques).

La présentation des œuvres marquantes des grandes époques ne peut se faire sans évoquer les personnes qui les ont commandées. Nous constatons que le rôle de la commande est majeur dans l'histoire de l'architecture.

Maître d'œuvre

Le maître d'œuvre est généralement un architecte. Il répond à la commande d'un maître d'ouvrage en concevant une œuvre. L'importance de son rôle a évolué dans le temps en fonction de la nature des travaux.

L'architecte antique

Au VIe siècle av. J.-C., en Grèce, la plupart des constructions sont en bois. *L'arkhitektôn*, le chef des charpentiers, devient le chef de tous les ouvriers. Avant d'être reconnu en tant qu'homme de savoir, créateur d'un ouvrage, il est un artisan.
L'*architectus* de la latinité est le chef de bâtisseurs, œuvrant militairement pour la grandeur de l'Empire romain.

L'architecte médiéval

Au Moyen Âge, le *magister* d'une cathédrale est membre d'une communauté religieuse. La fonction de l'architecte est assurée par un clerc et le savoir-faire des artisans.

De l'architecte de la Renaissance...

Au XVe siècle, en Italie, la Renaissance* libère le maître d'œuvre de son appartenance aux corporations de métiers, l'architecture est *ars libera*.
L'œuvre n'est plus anonyme, elle est reconnue avec le nom de l'architecte.
À partir du XVIe siècle en France, au service de la royauté, l'*architecteur* se veut l'égal de l'*architectus* italien.
Mais dès le XVIIIe siècle, il sera en concurrence avec les ingénieurs.

... jusqu'aux Temps modernes

Il intervient jusqu'au XIXe siècle, autant comme artiste que comme entrepreneur de travaux. C'est alors que, répondant à une commande de la bourgeoisie, l'architecte-artiste diplômé exerce une profession libérale défendant en priorité les intérêts de son client.

Une fonction, des savoirs

« L'accord ne sera jamais complet tant que l'artiste, l'ingénieur et le savant n'auront pas fusionné dans la même personne. »
S. Giedon, ***Space, time and architecture*, 1941.**

L'architecte de Gustave Eiffel

Entrepreneur-ingénieur, Eiffel refusait de se faire appeler architecte. Lors de la construction de sa tour, à Paris, il finit par faire appel à un architecte, Stéphane Sauvester, pour calmer la réaction négative des artistes français. Il lui demandera d'intervenir pour décorer l'arche principale.

Gustave Eiffel.

Au XXe siècle, l'importance et la nature des ouvrages nécessitent souvent l'adjonction d'un service technique complémentaire, ou, mieux encore, l'intervention d'une équipe pluridisciplinaire d'architecture agissant en tant qu'architecte, personne morale.

Son rôle aujourd'hui

Il est en charge de la conception d'un ouvrage, celui-ci pouvant être de l'ordre d'une réhabilitation d'un édifice, d'un lieu de vie, ou d'une composition spatiale à l'échelle d'une ville. En concevant une œuvre, en contrôlant les travaux effectués selon ses prescriptions par une main-d'œuvre qualifiée, il est l'intermédiaire entre les entreprises et le maître d'ouvrage.

Sa mission prend fin à la réception de l'ouvrage par le client. Cependant, il reste responsable pendant dix ans, comme l'entrepreneur, des malfaçons de l'édifice. Dans la plupart des pays occidentaux, ses engagements l'incitent à travailler en collaboration avec des intervenants spécialisés, tels que : ingénieurs, économistes, urbanistes, paysagistes, acousticiens… à une différence près, pour certains pays comme l'Italie ou le Royaume-Uni, où l'architecte a une formation d'ingénieur.

La maîtrise d'œuvre reste un art marqué par le talent de son principal animateur. Le talent reconnu d'un architecte est souvent recherché pour assurer le prestige d'un maître d'ouvrage.

Enseignement et formation

La formation de l'architecte est primordiale. Selon le point de vue personnel de l'auteur, l'enseignement souhaité devrait se dérouler en plusieurs étapes.

Éducation générale

« Si l'étude de l'architecture entre dans l'éducation générale, je ne doute pas que cet art soit porté au degré de la perfection. »
Étienne-Louis Boullée, architecte (1728-1799).

À l'école : l'éveil

Très jeune, l'enfant construit en jouant. Avec une feuille et des crayons, il dessine une maison, un jardin et des chemins qui mènent ailleurs ; parfois des personnages habitent le dessin. L'enseignant lui parle des espaces de la vie citadine ou rurale, de leurs aménagements passés ou espérés. Il prend conscience de son environnement, celui dans lequel il vit, mais aussi celui de ses rêves, de ses jeux.

Un enseignement général de l'architecture pour le citoyen

Intéressé par l'organisation spatiale et la gestion de la cité, l'élève entre à l'université ou dans une grande école. Au cours d'un premier cycle d'études de diverses matières, il acquiert une connaissance générale des fondements de l'architecture, de ce qu'elle a été, de ce qu'elle devrait être, avant d'être formé pour œuvrer dans une discipline particulière. Il est ainsi amené à prendre conscience des responsabilités du maître d'ouvrage et de celles du maître d'œuvre. À l'issue de cet enseignement, il est averti de l'importance des problèmes d'aménagement spatial. Plus tard, sans être spécialement qualifié pour les résoudre, il pourra être appelé à y contribuer.

Formation de l'architecte

Ayant pris connaissance des fondements de l'architecture, il veut être architecte. Pendant trois ou quatre années, dans un établissement universitaire qualifié, il apprend ce que doit être un projet architectural, les techniques, les servitudes administratives… et s'exerce à la présentation des éléments graphiques et écrits nécessaires à une mise en œuvre. Des exercices

Une charte pour la formation des architectes

L'UNESCO et l'UIA (Union internationale des architectes) ont établi conjointement une charte de la formation de l'architecte, approuvée en 1996. Ces deux institutions travaillent aujourd'hui ensemble pour établir des critères de validation pour les écoles qui appliquent la charte.

de création d'espaces lui sont demandés, selon des contraintes différentes. Il doit présenter un projet et le défendre.
Chaque projet doit être justifié. Il complète ses connaissances en histoire de l'art, de l'architecture et de l'aménagement du territoire. Suivi par des architectes enseignants, et accompagné par des professeurs en structure, résistance des matériaux, sociologie ou arts plastiques, il conçoit des projets afin d'obtenir un diplôme.

Licence d'exercice

Pour exercer la profession d'architecte, il choisit une formation spécifique supplémentaire, puis, à l'issue d'un stage auprès d'acteurs qualifiés, confirmant ses connaissances et ses capacités professionnelles, il obtient une licence d'exercice. Celle-ci lui permet de pratiquer la profession, soit en tant que collaborateur dans une agence d'architecture existante, soit en créant sa propre structure. Ainsi, il est en mesure d'assurer ses responsabilités quant à la construction d'un bâtiment.
Notons que de nombreux diplômés d'architecture œuvrent comme paysagistes, designers, créateurs de mobiliers, stylistes, scénographes, etc. Ceux-ci n'ont pas besoin d'une licence d'exercice.

Des lieux de formation en Europe

**En Grande-Bretagne, l'Architectural Association de Londres.
En Italie, l'Instituto universitario de Venise.
En Espagne, la Escuela politecnica de Catalunia de Barcelone.
Aux Pays-Bas, l'université de Delft.
L'harmonisation des formations d'architectes est espérée pour que, dans l'Europe unifiée, la liberté d'exercice professionnel soit instituée.**

Un enseignement général de l'architecture précède la formation des divers acteurs de l'architecture, et plus particulièrement celle des architectes, avant l'obtention d'une licence d'exercice.

Demain, pour qui ?

Au seuil du XXIe siècle, l'architecture va-t-elle encore principalement œuvrer pour la société de consommation du monde occidental ? Est-elle prête à répondre à d'autres demandes ?

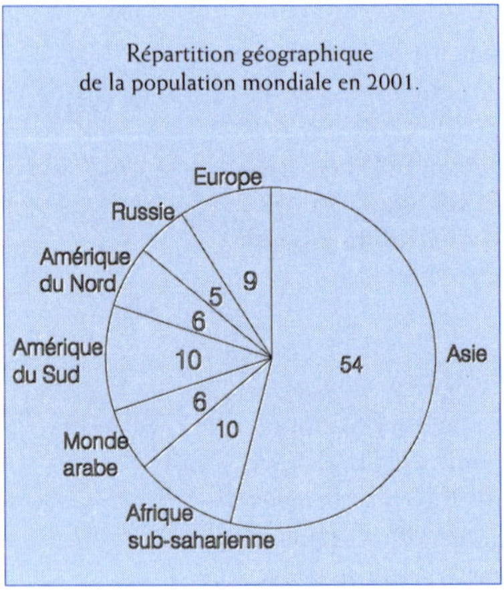

Une population mondiale croissante et abondante

En 1930 : 2 milliards...
En 2001 : 6 milliards.
Compte tenu d'une diminution de la fécondité, cette croissance devrait ralentir et s'arrêter vers 2050, avec 10 milliards d'humains. La terre peut encore nourrir cette population, dit-on.

Inégalement établie

L'Amérique du Nord et l'Europe, soit 1/5 de l'humanité, disposent en 2001 d'une technologie dominante et des plus grandes richesses, alors que quatre milliards d'humains manquent encore des moyens de télécommunications, ces clefs de l'éducation à distance, et que plus d'un milliard d'entre eux vivent dans la misère. Le fossé entre riches et pauvres s'élargit dangereusement en divers lieux et plus encore dans les grandes métropoles.
En l'an 2001, la Chine et l'Inde rassemblent à elles deux près de 50 % de la population mondiale, alors que l'Union européenne n'en abrite que 6 % (en 1900, le quart de l'humanité vivait en Europe).

Excessivement urbaine

Au début du XXIe siècle, la moitié de la population mondiale est urbanisée, et ce mouvement se poursuit. Attirés par une vie urbaine apparemment meilleure, des agriculteurs quittent leurs terres. Des flots d'individus et de familles émigrent aveuglément.

Une réflexion

Nous ne pouvons pas prévoir le futur, mais nous pouvons le préparer.

En 2030, 5 milliards d'humains seront « urbains », la plupart en ces mégalopôles qui s'étendent dangereusement, se diluent dans des banlieues imprécises, perdant ainsi progressivement leur puissance.
Déjà en 2001, 26 d'entre elles (dont 22 dans le monde oriental) comptent plus de 10 millions d'habitants. Tokyo : 27 millions ; Bombay et Mexico : 19 millions Sao Paulo : 18 millions ; New York : 17 millions...
Ces hypervilles, aux structures politiques difficiles à définir, socialement affaiblies, religieusement contestées, sont des lieux de décomposition de l'autorité publique, avec un développement de l'insécurité et de la marginalité, des lieux où la cité est étouffée par l'urbain. Bien souvent, en effet, les villes ont des organes politiques qui ne sont pas en liaison avec les structures environnantes.
Federico Mayor, directeur général de l'UNESCO, dans son ouvrage *Un monde nouveau* présente un état de la planète au début du XXIe siècle : « *Une mondialisation vide de sens !* » Il propose de préparer dans divers domaines un futur aussi nécessaire qu'incertain, et recommande, quand il s'agit de la révolution urbaine, de « *donner une nouvelle impulsion à la prospective urbaine et à la planification stratégique de la ville et du tissu urbain* », ce qui consiste à rassembler « *l'urbanisme et l'architecture trop souvent dissociés depuis la seconde moitié du XXe siècle* ».

Accélération

« En moyenne, un architecte chinois construit chaque année un volume bâti équivalant à un gratte-ciel de trente étages. »
Rem Koolhaas.

Un phénomène planétaire

Rem Koolhaas, l'architecte-théoricien hollandais, est pessimiste. Par ses recherches, entreprises en tant qu'enseignant à Harvard, et celles développées au sein de son agence, où sont séparés « *travaux spéculatifs, projets et démarches d'observateurs* », il nous transmet un sentiment à la fois d'inquiétude et de fascination pour les villes d'aujourd'hui en pleine mutation : « *Si l'on considérait tout ce qui a été construit dans ce siècle, on ne trouverait trace de la participation d'un architecte que pour 2 % du total peut-être.* » (*Mutations*, ACTAR et Arc en rêve, 2000).

Quand l'organisation d'un nouveau monde est espéré, un réaménagement prioritaire des espaces urbains engage l'architecture à se préparer à des interventions plus étendues que dans le passé.

Demain, comment ?

Pour un urbain plus humain. Comment remédier aux maux de la crise urbaine mondiale ?

Place de la Boule à Nanterre : projet d'urbanisme en trois dimensions réalisé par un étudiant en architecture.

Renaissance de la cité

L'influente civilisation occidentale peut étendre encore sa domination au XXIe siècle. Elle peut être corrigée par de nouveaux modes de vie, marquée par de nouvelles techniques ou effacée par d'autres civilisations plus anciennes. Les responsables politiques se doivent d'intervenir avec la participation des médias, en reconnaissant l'architecture comme art majeur pour la maîtrise de l'urbain, en la dotant d'acteurs qualifiés.

Un art majeur

L'architecture est l'art de l'aménagement des espaces de vie, et en priorité pour le XXIe siècle, de ceux de la vie urbaine. Elle est appelée à œuvrer avec d'autres

Urbanité

« Il s'agit d'inventer, sans nostalgie de la ville, des établissements collectifs locaux porteurs d'urbanité. »,
Françoise Choay, 1995.

disciplines (géographie, sociologie, économie, santé, travaux publics, etc.). Elle anime, elle crée : son rôle est majeur.
Ses futurs modes d'intervention dépendent de l'évolution des esprits. Des opérations seront parfois éphémères, temporaires, ou, se référant au passé, plus permanentes, comme le préconisait Giovannoni, au début du XXe siècle, avec l'implantation d'un réseau technique territorial, un système d'équipements communs à des noyaux d'établissements humains de diverse nature et de diverse importance. Notons que l'adaptation de centres urbains à de nouveaux modes de vie, par des opérations ponctuelles, ne peut être négligée.

Des styles éternellement copiés

Au XXIe siècle, de grandes architectures-sculptures baroques, avatars du siècle précédent, peuvent encore séduire. Rares sont celles qui répondent à d'urgentes et massives demandes pour un mieux-être urbain.

Des acteurs qualifiés

Maître d'ouvrage et maître d'œuvre sont les principaux acteurs de l'architecture. Nous connaissons leur rôle respectif. Les pouvoirs publics sont conscients de l'importance de leur formation universitaire et technique. Le maître d'ouvrage est maître de la commande. Il est qualifié, conseillé, avisé. Une incompétence est la cause première d'un échec.
Un troisième acteur intervient : l'usager. Celui pour qui un ouvrage est commandé. Il est consulté et influence l'étude d'un projet. Dans ce but, des collectivités publiques provoquent des rencontres de citoyens, concernés par les problèmes urbains. Pour apprécier, l'usager doit être informé.
Pour tous les acteurs de l'architecture, les nouvelles techniques de l'information favorisent de plus judicieuses interventions. Ainsi, l'étude préalable d'un projet en trois dimensions contribue à mieux préciser ses objectifs et à juger de l'opportunité d'une commande (*voir* photo ci-contre).

Participation communautaire

Aux différents niveaux d'organisation politique des territoires, de nouvelles contraintes incitent les maîtres d'ouvrage à provoquer des consultations communautaires, où les créateurs de cadre de vie doivent être influents.

Responsable de son aménagement urbain, une cité, communauté économique et sociale, reconnaît le rôle majeur de l'architecture.

Paroles d'architectes

Le destin de l'architecture défini par quelques architectes et des maîtres d'ouvrage, selon les modes de pensée et les aspirations d'une époque.

Vitruve (Ier siècle av. J.-C.)
*« Tous les édifices doivent être exécutés de manière que la solidité (*firmitas*), l'utilité (*utilitas*) et la beauté (*venustas*) s'y rencontrent. La variété des édifices résulte de la diversité des hommes. »*

« L'architecture est constituée par : l'ordonnance, que les Grecs appellent taxis *; la disposition, qu'ils nomment* diathésis *; l'eurythmie ; la proportion ; la convenance, et la distribution, qui en grec est appelée* oeconomica. *»*

Vincenzo Scamozzi (1552-1616)
« L'architecture est une science absolument indispensable au genre humain, tant au niveau de la vie politique et civile que pour la commodité qu'elle lui apporte. »

Philibert de l'Orme (1510-1575)
« L'architecture est nécessaire au monde. »

Claude Perrault (1613-1688)
« Cet art qui comprend la connaissance aussi bien que la direction de tous les autres. »

Louis XIV (1638-1715)
« J'ai construit Marly pour mes amis, Versailles pour la Cour, le Trianon pour moi. »

Jacques François Blondel (1618-1688)
« Les proportions sont la cause de la beauté et de l'élégance dans l'architecture. »

Étienne-Louis Boullée (1728-1799)
« On serait tenté de croire que la Divinité pour opérer l'établissement des hommes sur la terre leur a donné l'architecture. »

Jean Nicolas Louis Durand (1760-1834)
« L'architecture est l'art de produire et de porter à la perfection tout édifice quelconque. »

Claude Nicolas Ledoux (1736-1806)
« L'architecture est un présent de la Divinité et un moyen de libération de l'homme nouveau. »

Robert Owen (1771-1858)
« L'architecture est destinée à détruire la pauvreté, l'immoralité, la misère. »

Eugène Viollet-le-Duc (1814-1879)
« L'architecture s'identifie aux idées d'une époque et d'une population. Elle se modifie en même temps que les idées. »

« Une société ne pourra se dire moralement civilisée que lorsque chacun de ses membres possédera son logis propre. »

Victor Hugo (1802-1885)
« Jusqu'à Gutenberg, l'architecture est l'écriture principale. Le livre imprimé a tué l'architecture. »

École du Bauhaus (1919-1932)
« L'architecture est l'affaire de tous les membres de la société. »

Ludwig Mies van der Rohe (1886-1969)
« L'architecture crée la forme avec les moyens de l'époque. »

« L'architecture est la volonté de l'époque traduite dans l'espace. »

Frank Lloyd Wright (1867-1959)
« Il ne s'agit pas d'harmoniser l'édifice avec la nature mais d'inclure la nature dans l'édifice. »

Jules Guadet (1834-1908)
« L'architecture est de tous les arts celui dont les principes sont les plus rigoureux. Ils ne sont pas une servitude… ils sont une lumière. »

Auguste Perret (1874-1954)
« L'architecture s'empare de l'espace, le limite, le clôt, l'enferme. »

Le Corbusier (1887-1965)
« L'architecture doit être ramenée à son but véritable… un but économique et sociologique. »

« L'architecture est l'un des plus urgents besoins de l'homme. »

« L'architecture est le jeu savant, correct et magnifique des volumes assemblés sous la lumière. »

Paroles d'architectes (suite)

Robert Mallet-Stevens (1886-1945)
« Les édifices publics comme les habitations ouvrières seront conçus dans le même esprit que nos usines. »

Bruno Zévi (1920-2000)
« L'architecture existe dans un espace tridimensionnel qui inclut l'homme. »

Alvar Aalto (1898-1976)
« L'architecture doit être au service de l'homme. »

Louis Kahn (1901-1974)
« Là où chacun peut se sentir chez soi. »

André Wogenscky (1916)
« L'architecture est enveloppante, elle doit ramener le compliqué au simple, le chaos à l'ordre, la cacophonie à l'harmonie. »

Robert Auzelle (1913-1983)
« L'architecture est faite pour les autres, avec les autres et doit s'inscrire dans l'équilibre existant. »

Paul Nelson (1895-1979)
« L'architecture tient compte des besoins de l'homme, être complexe et non simpliste. »

Charlotte Perriand (1903-1999)
« L'architecture doit laisser à l'homme toute liberté d'incorporer son moi, pour le meilleur et pour le pire...pourvu qu'il soit heureux. »

Robert Venturi (1925)
« J'aime l'architecture complexe et contradictoire fondée sur la richesse et l'ambiguïté de la vie moderne. »

Hans Hollein (1934)
« L'architecture est l'expression tridimensionnelle du comportement humain. »

Bernard Huet
« L'architecture dans son sens d'art de la distinction... aujourd'hui détruit la ville. »

Henri Gaudin (1933)
« L'architecture n'est pas là pour parler, elle est là pour ouvrir à la parole. »

Christian de Portzamparc (1944)
« L'architecture n'est plus la fierté des hommes. Elle est devenue le symptôme d'un malaise de civilisation. »

Claude Éveno
« Il faudrait prendre les moyens d'agir à la hauteur d'une conquête, retrouver le droit des gens à fonder leur destin. »

Michel Ragon
« L'architecture, parmi tous les arts, modèle l'espace. »

Jean Perrottet
« L'architecture est à la recherche incessante du bien-être social. »

Renzo Piano (1937)
« L'architecture est avant tout un service. »

Julio Carlo Argan (1909-1992)
« Des architectes célèbres ont travaillé pour l'État au lieu de travailler pour la société. On assiste à une transformation structurelle de la culture de classe en une culture de masse… y aura-t-il une architecture de masse ? »
« L'architecture doit être l'expression de la fonction sociale et non de l'autorité de l'État. »

Mario Botta (1943)
« Faire de l'architecture signifie transformer une situation et jamais simplement reproduire le passé. »
« L'architecture est un instrument de résistance à la banalisation du moderne. »

Alvaro Siza (1933)
« L'utilité de l'architecture dépend de son engagement dans la complexité des transformations qui parcourent l'espace. »

Joseph Belmont
« L'architecture doit devenir à nouveau la création collective d'une société collective. »

Jean-Pierre Épron
« Une définition de l'architecture est toujours provisoire. »

Jean Nouvel (1945)
« L'architecture, c'est traiter de l'évolution de la vie dans un milieu donné, mais de manière sensible et programmée. »

Renseignements pratiques

En France

DAPA (Direction de l'architecture et du patrimoine)
Ministère de l'Équipement et du Logement
Arche Sud, 92055 Paris-La Défense Cedex 04
Tél. : 01 40 81 21 22
http://www.equipement.gouv.fr
http://www.archi.fr/DAPA

IFA (Institut français d'architecture)
6, rue de Tournon, 75006 Paris
Tél. : 01 46 33 90 36
http://www.archi.fr/IFA/index.htm

ESA (École spéciale d'architecture)
254, bd Raspail, 75014 Paris
Tél. : 01 40 47 40 47
http://www.esa-paris.fr

Publications

Le Moniteur Architecture
17, rue d'Uzès, 75108 Paris Cedex 02
Tél. : 01 40 13 30 05

L'Architecture d'aujourd'hui
6, rue Lhomond, 75005 Paris
Tél. : 01 44 32 18 61

Pour l'international

Unesco
Division des sciences sociales et humaines
1, rue Miollis, 75732 Paris Cedex 15
Tél. : 01 45 68 38 06
http://www.unesco.org/general/fre/programmes/social

PNUE (Programme des Nations-Unies pour l'Environnement)
P.O. Box 30552 Nairobi, Kenya
Tél. : (254-2) 621234
http://www.unep.org

UIA (Union internationale des architectes)
51, rue Raynouard, 75016 Paris
Tél. : 01 45 24 36 88
http://www.uia-architectes.org

CEA (Conseil européen des architectes)
29, rue Paul-Émile-Janson,
B-1050 Bruxelles, Belgique
Tél. : 32 2 543 11 40
http://www.ace-cae.org

Glossaire

Arc-boutant : c'est l'élément principal du système d'équilibre de l'architecture gothique. Il enjambe les bas-côtés pour recevoir la poussée de la voûte de la nef.

Art nouveau : mouvement artistique né au tournant du XIXe siècle et rejetant la répétition des styles d'architecture dérivés de l'éclectisme*.

Bouddhisme : religion et philosophie orientale fondée par le Bouddha, apparue en Inde aux VIe et Ve siècles av. J.-C. La doctrine du Bouddha est principalement dans l'enseignement de la « voie de la délivrance », une méthode pour découvrir la réalité cachée derrière les apparences et pour se libérer des illusions, des passions et de la douleur. Cette méthode est inspirée de la croyance hindoue selon laquelle toute mort est suivie d'une renaissance.

Brahma : première divinité de la triade de l'hindouisme*, avec Vishnu et Shiva, représentée avec quatre visages et quatre bras.

Charte d'Athènes : établie en 1933, lors d'une assemblée des Congrès internationaux d'architecture moderne (les CIAM) à Athènes. Le texte est paru en 1942 rédigé par Le Corbusier. Afin de rendre les villes habitables et harmonieuses il propose 95 principes d'urbanisme en insistant sur la division de l'espace en secteurs consacrés au travail, au logement et aux loisirs.

Chiisme : schisme de l'islam qui se heurta à la majorité sunnite* dès la fin du VIIe siècle. Ce mouvement contestait au départ la légalité de la succession du Prophète, après sa mort. Les chiites considéraient que les califes ne devaient assumer qu'un pouvoir charismatique et non temporel. Les Perses adoptèrent le chiisme pour se révolter contre le pouvoir de la dynastie des Omeyades*.

Cisterciens : membres de l'une des branches de l'ordre monastique de Cîteaux. Ses membres s'inspirent de la règle de saint Benoît. Leur maître spirituel est saint Bernard (1091-1153).

Glossaire (suite)

Éclectisme : en architecture, style fondé sur l'exploitation et la conciliation des styles du passé. C'est un mouvement que l'on trouve au XIXe siècle en Occident.

Entablement : couronnement en saillie d'un édifice, comprenant l'architrave, la frise et la corniche.

Exarque : dans l'Empire byzantin, du VIe au VIIIe siècle, haut dignitaire mandaté par l'empereur pour gouverner une province d'Italie ou d'Afrique dépendant de l'empire.

Fonctionnalisme : doctrine de la *Charte d'Athènes**, répartissant les activités de la ville en quatre fonctions principales : habiter, travailler, se recréer, circuler.

Hindouisme : nom donné en Occident aux institutions religieuses et sociales traditionnelles de l'Inde. La religion hindoue a évolué vers une synthèse où la vie religieuse s'harmonise avec la philosophie, la morale individuelle et la vie sociale. Au sommet du panthéon hindou règne « la triade » formée des divinités Brahma, Shiva et Vishnu.

Khmer : qui appartient aux Khmers, peuple du Cambodge. Ils ont formé un empire important qui culmine avec celui d'Angkor, fondé en 802.

Moderne : qui bénéficie des progrès récents de la science et des techniques.

Modernisme : esthétique adoptée par les architectes et urbanistes modernes, préconisant des formes simples.

Module/Système modulaire : Unité de mesure. Élément unitaire qui fait partie d'un ensemble. Le Corbusier a défini ainsi, le « Modulor » à partir de 1943, c'est un système de mesure basé sur les proportions du corps humain.

Narthex : le vestibule d'une église pour les églises paléo-chrétiennes et médiévales. C'est là que se tenaient les catéchumènes.

Néoclassicisme : en architecture, courant de la fin du XVIIIe siècle, qui s'appuie sur les exemples de l'Antiquité classique. En France, par exemple, le classicisme de Jacques Ange Gabriel s'attache à la logique et à la simplicité des formes, celui de Soufflot est plus attaché à rendre aux ordres une valeur fonctionnelle.

Omeyade : dynastie de califes arabes qui régna sur l'empire musulman de 650 à 750.

Renaissance : grand mouvement littéraire, artistique et scientifique qui se développe en Europe aux XVe et XVIe siècles. En architecture, elle se caractérise par un retour aux formes de l'Antiquité, qui veut faire table rase des styles roman et gothique.

Rococo : style décoratif de la phase terminale du baroque (de 1700 à 1780).

Shintoïsme : vient du japonais *shintô*, « voie des divinités ». Un polythéisme animiste propre au Japon, centré sur les rites de purification et le culte rendu aux *kami* (divinités de la nature). Il a évolué au contact du bouddhisme*, du confucianisme et du christianisme et fut religion officielle du Japon de 1868 à 1945.

Stûpa : les stûpas et les pagodes sont les lieux de culte du bouddhisme, édifiés pour la vénération des reliques.

Sunnite : qui appartient au sunnisme. Le sunnisme est un courant majoritaire de l'islam. Il se présente comme la voie moyenne de la religion musulmane (entre le chiisme et le kharidjisme).

Ziggourat : sorte de temple que bâtissaient les Babyloniens, en forme de pyramide à étages, avec un sanctuaire sur le sommet.

Bibliographie

ABRAM (Joseph) et MONNIER (Gérard), *L'Architecture moderne en France, volume 2 : Du chaos à la croissance (1940-1966)*, Picard, 1999.

ARGAN (Giulio), *L'Histoire de l'art et la ville : crise, culture, design*, La Passion, 1995.
Projets et destin : art, architecture, urbanisme, La Passion, 1993.

BAZIN (Germain), *Histoire de l'art*, C. Massin, 1962.

BOTTÉRO (Jean), *Mésopotamie : l'écriture, la raison et les dieux*, coll. « Folio Histoire » n° 81, Gallimard, 1997.

CHOAY (Françoise), *Le Règne de l'urbain*, article paru dans le catalogue de l'exposition sur la ville au centre Georges-Pompidou, 1993.

ÉMERY (Marc), *Un siècle d'architecture moderne en France*, Horizons de France, 1971.

ÉPRON (Jean-Pierre), *Comprendre l'éclectisme*, Norma, 1997.

FRÉDÉRIC (Louis), *L'Inde*, A.M.G., 1959.

GENDROP (Paul), *Les Mayas*, coll. « Que sais-je ? », PUF, 1999.

GIOVANNONI (Gustavo), *L'Urbanisme face aux villes anciennes*, coll. « Points Essais », Seuil, 1998.

IRWIN (Robert), *Le Monde islamique*, coll. « Tout l'Art », Flammarion, 1997.

JESTAZ (Bertrand), *La Renaissance de l'architecture : de Brunelleschi à Palladio*, coll. « Découvertes », Gallimard, 1995.

LE CORBUSIER, *Vers une architecture*, Flammarion, 1995.
Quand les cathédrales étaient blanches, Plon, 1937.
La Charte d'Athènes, coll. « Points Essais » n° 25, Seuil, 1971.

LE DANTEC (Jean-Pierre), *Architecture en France*, ADPF-Publications, 1999.

LEMERLE (Frédérique) et PAUWELS (Yves), *L'Architecture de la Renaissance*, coll. « Tout l'Art », Flammarion, 1998.

MANNICHE (Lise), *L'Art égyptien*, coll. « Tout l'Art », Flammarion, 1994.

MAYOR (Federico), *Un monde nouveau*, Odile Jacob, 1999.

MONNIER (G.), *Histoire de l'architecture*, PUF.

PERRIAND (Charlotte), *Une vie de création*, Odile Jacob, 1998.

RAGON (Michel), *Histoire mondiale de l'architecture et de l'urbanisme modernes*, Casterman, 1978.

SOUSTELLE (Jacques), *Les Aztèques*, coll. « Que sais-je ? » , PUF, 2000.

STIERLIN (Henri), *L'Architecture islamique*, coll. « Que sais-je ? », PUF, 1993.

VIOLLET-LE-DUC (Eugène Emmanuel), *L'Éclectisme raisonné*, Denoël, 1984.

ZERBST (Rainer), *Antoni Gaudí : une vie en architecture*, Taschen, 1993.

ZÉVI (Bruno), *Apprendre à voir l'architecture*, coll. « Forces vives », Minuit, 1953.

Dans la même collection :

Index *Le numéro de renvoi correspond à la double page.*

NDE : À la mémoire de Michel Weill qui, malgré une grande fatigue, a pu terminer cet ouvrage. Il n'aura pas eu, hélas, le bonheur de le voir édité.

Responsable éditorial
Bernard Garaude
Directeur de collection – Édition
Dominique Auzel
Assistante d'édition
Cécile Clerc
Correction – Révision
Marie-Christine Gaillard-Simorr
Illustrations
Carine Merlino
Iconographie
Sandrine Batlle
Conception graphique
Bruno Douin
Maquette
Isocèle
Fabrication
Isabelle Gaudon
Hélène Zanolla

Crédit photos :
© Erich Lessing - AKG Paris : p. 3 / © Corbis - Sygma : pp. 4, 9, 30, 32, 34 / © B. Guillemard : pp. 6, 17, 21, 24 / © Debru - Images du Sud : p. 11 / © Leemage : p. 12 / © Boyer - Images du Sud : p. 14 / © Roger-Viollet : pp. 28, 36, 42, 45 / © Boisvieux - Explorer : p. 33 / © A. Wolf - Explorer : p. 39 / © Ouriel Astruc : p. 50 / © Carine Merlino pp. 7, 13, 16 19, 22, 27, 41, 48.

300, rue Léon-Joulin,
31101 Toulouse Cedex 1 France

ISBN : 2-7459-0419-1
D. L. Octobre 2001 - Impr. P 62420.
Aubin Imprimeur, 86240 Ligugé